不倫の教科書

既婚男女の危機管理術

弁護士　長谷川裕雅

イースト・プレス

はじめに

週刊誌の大活躍で「不倫」に関するニュースは毎年山ほど発表されます。２０１６年だけでも、ベッキーさんと川谷絵音さん、宮崎謙介・元衆院議員、乙武洋匡さん、ファンキー加藤さん、桂文枝さん、三遊亭円楽さん、中村橋之助（現・中村芝翫《しかん》）さん……などなど。枚挙にいとまがありません。これだけ不倫のニュースが続発し、当事者たちが平謝りする姿が何度も報じられているのに、なぜ不倫をする著名人は絶えないのでしょうか。

不倫が明るみになったとき、とりわけ著名人は大きな代償を払うことになります。社会的に影響力のある人物は、清廉潔白さを必然的に求められます。それだけに、不倫というネガティブなイメージがついてしまえば、社会的信頼を失うことになります。場合によっては、不倫が原因で社会の表舞台から姿を消す人もいます。

不倫のリスクは、質こそ違えど一般人にも、もちろんあります。配偶者との別居、義親との確執、離婚に至った場合の金銭的な負担、不倫相手からの恐喝や事件に発展するリスクもあります。甘い果実は、後で毒が効いてきます。

本書の目的は、不倫スキャンダルを興味本位で覗き見ることではありません。むしろ、不倫がいかにリスクの高いものであるかを具体的に指摘し、深い落とし穴にはまることのないよう警告することが目的の一つです。しかし、それでも人は、愛してはならぬ人を愛し、禁断の愛欲に堕ちてしまうこともあるでしょう。あなた自身が不倫をしていなくても、あなたの家族が不倫をしている場合もあるかもしれません。本書のもう一つの目的は、仮に不倫の道に足を踏み入れてしまっても、リスクやダメージを最小限にとどめるにはどうしたらよいか、というヒントを指し示すことです。

不倫トラブルに巻き込まれそうになったり、実際に巻き込まれてしまったりした場合、どうすれば穏便に事を収められるのか。どうすれば最悪の事態を回避できるのか。適切な法的対処法は何か。解決方法をできるだけ具体的に紹介したいと思います。

法律の専門家として有している知識や弁護士として実際に対応したケースなどを踏まえ、効果的なアドバイスを提示できるものと確信しています。

また、リアルな不倫事例を取り上げることで、読者に分かりやすく読み進めてもらえるように工夫しました。それぞれのケースをきっかけにして、不倫に関わる問題を解決する方法について、読者の皆さんに考えてもらえたらうれしく思います。

目次

第1章

他人事ではない！　こんなに怖い不倫トラブル

CASE 1

秘密がバレるSNS不倫

不倫LINEはなぜバレたのか？

数多くある不倫報道の中で近年、最もインパクトの強かったものの一つが、ハーフタレントとして人気を博していたベッキーさんと音楽グループ「ゲスの極み乙女。」のボーカリスト・川谷絵音さんのケースでした。「ゲス不倫」という言葉が「2016ユーキャン新語・流行語大賞」のトップ10に選出されるほど、二人の不倫報道はこの年における芸能界の象徴的な出来事でした。

はじめに二人の不倫を報じたのは「週刊文春」でした。この二人が不倫交際しているという事実はもちろん社会に大きな衝撃を与えましたが、同時に皆さんが驚いたのは、二人のLINEのやりとりが漏れていたことでしょう。川谷さんが「ちゃんと卒論（離婚届）書くから待ってて欲しい」と発信すると、ベッキーさんが「大丈夫だよ。卒論提出できたら、（中略）いっぱいワガママ聞いてもらおうっとー」と応じるなど生々しいやりとりが誌上に掲載され、「当事者の二人しか見られないはずのやりとりがどうして掲載されているのか」という点が話題の一つになりました。

ＬＩＮＥは、三人以上がグループをつくってメッセージ交換をすることも可能ですから、ある特定の二人のメッセージをグループ内の別のメンバーが読んだり、記録したりすることは可能です。しかし、このベッキーさんと川谷さんのやりとりは、明らかに一対一のものでした。ベッキーさんか川谷さんの携帯電話にしか表示されえない内容です。そして、当事者の二人が自分たちのＬＩＮＥの内容を文春に持ち込むはずはありませんから、何者かが二人のやりとりを入手して文春に提供した可能性が浮かびました。

ベッキーさんと川谷さんのＬＩＮＥのやりとりは、文春の続報記事にも登場しました。記事には、先の報道を受けてメッセージ交換したと思われる次のようなやりとりが掲載されました。

川「(先の不倫報道が）逆に堂々とできるキッカケになるかも」

べ「私はそう思ってるよ！」

川「よし！」

べ「そうとしか思えない」

川「ありがとう文春！」

べ「オフィシャルになるだけ！」……。

当初、これらのＬＩＮＥのやりとりについては、「捏造説《ねつぞう》」まで飛び出しました。インターネット上では、「コラージュなのではないか？」などの疑問が上がりました。あるテレビのアナウンサーは「スマートフォンなどの端末を２台用意すれば、このやりとりをつくり上げることができる」と発言したほどでした。

ところが、二人がこうしたＬＩＮＥの内容について「捏造だ」と主張することはなく、本物とみて間違いがなくなりました。そして、最初の報道でＬＩＮＥの内容が流出しているにもかかわらず、二度目の報道で再び、ほぼリアルタイムのやりとりが漏れたわけです。少なくとも、二度目のやりとりを見る限り、二人に新たな流出に対する警戒感は窺《うかが》えません。初回のＬＩＮＥ流出を二人がどう分析したのかは分かりませんが、まさか再びやりとりが漏れるとは思ってもいなかったと思われます。

問題はどうやって二人のＬＩＮＥのやりとりが流出したのかということです。もし、ＬＩＮＥの内容が表に出なければ、この不倫騒動は、もう少し違った経過をたどったことでしょう。特に「開き直り」とも受け止められたＬＩＮＥの二度目のやりとりが、二人にとっての致命傷となりました。この結果、ベッキーさんは表舞台から長期間、姿を消さざるをえなくなったといっても過言ではありません。

なぜＬＩＮＥのやりとりが漏れたのでしょうか。公表されたＬＩＮＥの表示画面では、右側に川谷さん、左側にベッキーさんのメッセージが表示されていました。ＬＩＮＥでは、画面の右側にメッセージが表示される側がアカウントの持ち主であることから、今回のケースでは川谷さんの側からやりとりが漏れたことが分かりました。流出原因は、いわゆる「クローン携帯」だと考えられています。

クローン携帯とは、携帯電話の機種変更をしたい人が古い携帯電話のデータをいったんバックアップするためにパソコンに移して新しい携帯電話に吸い出しても、古い機種の方で従来通りＬＩＮＥのやりとりが見られてしまう状態をいいます。一つの可能性として、川谷さんの古い機種を入手した第三者が、リアルタイムで新しい機種でのＬＩＮＥのやりとりを盗み見ていた可能性があるということです。そして当時、第三者が「クローン携帯」でＬＩＮＥのやりとりを見ていても、当事者同士には分からないようになっていました。こうした事態を受けて、ＬＩＮＥの運営会社は、複数のスマートフォン端末からのアクセスを不可能にする対策を講じました。バックアップという行為自体は携帯電話が壊れたり、なくしてしまったりした場合の「保険」として極めて重要な基本動作です。今回はそのバックアップが裏目に出る格好となった可能性があります。

危険だらけのSNS不倫

LINEは、いわゆるインターネット上で行われる「コミュニティ型の会員制サービス」つまり「SNS」(social networking service) の一つで、他によく使われているアプリでは、ツイッターやフェイスブックがあります。これらのサービスでは、不特定多数の相手とネットを通じてコミュニケーションができ、他の人に見られない状態で一対一のやりとりができることが人気の理由となっています。

しかし、今回の不倫騒動では、密室状況であると思われていたSNSの弱点が露呈《ろてい》しました。便利な機能であればあるほど、そうしたサービスに疎《うと》い一般の人々は「安心・安全」を過信しますが、完璧なSNSがあると思ってはいけません。

原則として、SNS上の一対一のやりとりであっても、不倫などの秘密にしたい内容は発信するべきではないでしょう。今回のようなケースのみならず、相手との関係が悪化した場合に、発信内容が自身の首を絞めることになるかもしれません。あるいは、管理が甘ければ、配偶者などにやりとりを見られてしまうこともあるでしょう。ＳＮＳの魅力の一つが、一対一で秘密の会話ができることなのでしょうが、メッセージとして残る以上はリスクにもなりえるのです。

「そもそもＬＩＮＥって？」という読者もいるかもしれませんので、簡単に説明しておきましょう。ＬＩＮＥは、韓国のＩＴ企業「ＮＡＶＥＲ」の子会社「ＬＩＮＥ」が提供するアプリです。アプリの初版は２０１１年に出たばかりですが、日本では既に爆発的に普及しています。このアプリの開発のきっかけは、東日本大震災でした。開発者は、被災者が家族や友人と連絡を取ろうとする姿をみて、ＬＩＮＥの機能を思い立ったといいます。

ＬＩＮＥの実際の企画・開発は日本支社で行われているため、韓国企業の商品とはいえ「和製」アプリといわれます。無料で通話やメールができることに加え、スタンプと呼ばれるキャラクターのイラストをメールで送受信できることが人気の秘密になっています。アカウントは個人でなくても開設できるため、日本政府もアカウントを開設しています。

ただし、ＬＩＮＥの便利な機能がもたらす負の部分も徐々に注目されるようになりました。ＬＩＮＥ自体は規約で「見知らぬ異性との出会いを目的とする利用」を禁止していますが、別の出会い系アプリなどからＬＩＮＥに移って援助交際に発展するケースが後を絶ちません。また、未熟な若者を中心に、ＬＩＮＥのグループ内でのトラブルが、いじめなどに発展することがままあるようです。実際に対面してのやりとりではないが故に、不用意なメッセージが相手を傷つけたり、誤解を与えたりしてしまうのです。こうした便利なツールは、使いようによっては人と人との有益なコミュニケーションを生み出しますが、一つ間違うとネガティブな効果を生んでしまいます。

ＬＩＮＥの普及に伴い、このアプリを不倫相手との情報交換に使う人が出てくるのは当然のことでしょう。互いのアカウントさえ分かれば、無料でいつでもやりとりができますし、電話で直接話をする必要がありませんから、都合の良いときにメッセージ交換が可能になります。

ＳＮＳから不倫がバレるとき

一方で、ＬＩＮＥでの不倫相手とのメッセージ交換は、発覚を容易にする危険もはらんでいます。まずＬＩＮＥは初期設定で受信するメッセージの冒頭部分が携帯電話のホーム画面に通知される仕組みになっています。例えば、不倫相手の配偶者が通知音に気づいて携帯電話の画面をのぞき込んだとき、そこに現れたメッセージが不倫をにおわせる内容であったとしたら、「このメッセージの相手は誰なの？」と詰問することになるでしょう。

こうした事態にならないよう、不倫をしている人の多くは、配偶者が近くにいるときなどには携帯の画面を伏せて置くようになるそうです。ただ、配偶者がＬＩＮＥの通知機能を知っていれば、この「携帯の画面を伏せて置く行為」を当然、怪しみます。

また、メッセージが通知されるときには、同時に通知音が流れます。通知音が頻繁に鳴っている、通知音が鳴ってもなかなかメッセージを見ようとしない、または、通知音が鳴ると携帯電話を持ってトイレなどの別の場所に移動するといった行為は、配偶者に不信感を抱かせます。さらに、「急に扱うスタンプのバリエーションが増えた」ことを怪しいと感じる配偶者もいるようです。

従って、もしＬＩＮＥを不倫相手とのメッセージ交換のツールとしている人が配偶者にバレないようにしたいと思うなら、このアプリの特性や上手な使い方をマスターする必要があります。

まずＬＩＮＥには、通知をオフにする機能があります。ホーム画面の「設定」の中に

「通知」という項目がありますので、そこを開いて「オフ」にするだけで通知はされなくなります。これだけでも、通知によるメッセージ表示や通知音のリスクはなくなります。

そもそもLINEのやりとりを配偶者などの第三者に直接、見られたくないのなら、パスワードを知らないとメッセージを見られないようにする「ロック」機能を使うこともできます。同じく「設定」の中の「プライバシー管理」を開いて「パスコードロック」を「オン」にするだけです。パスコードは4ケタの数字を設定しますが、ロックをかける以上、自身や配偶者の誕生日など容易に想像される番号は避けるべきでしょう。

ただ、パスコードを設けてLINEへのアクセスをロックしていること自体が「やましいことがあるの?」と受け取られる可能性もあります。それが嫌なら、配偶者といる間は一時的にメッセージが来ないよう、不倫相手からのメッセージを「非表示」にしたり、「ブロック」したりしておく方法もあります。

また、配偶者に見られてもいいように、不倫相手とのメッセージのやりとりをこまめに削除していく手もあるでしょう。ただ、こちらがいくら削除しても、相手側にはメッセージは残ります。相手との関係が悪化し、トラブルになった場合、メッセージ内容が相手方に悪用される可能性は皆無とはいえません。最も怖いのは、別れ話のもつれなどで不倫相手がメッセージの内容を配偶者に送りつけるなどの嫌がらせをするケースです。

結局のところ、不倫のツールとして極めて便利なＬＩＮＥは、リスクにもなります。一切のリスクを回避しようと思うなら、逢瀬の約束も含め、不倫と分かるようなやりとりはしないことが肝要《かんよう》です。

ＬＩＮＥと同様、日本でも広く普及しているＳＮＳがフェイスブックです。元々、アメリカで一部の大学の学生間の交流を目的に開発されたものでしたが、今では有効なメールアドレスがあれば、世界の誰もが参加できるサービスになっています。

ＬＩＮＥと決定的に違うのは、実名と本人の顔写真、実社会でのプロフィールの公表が原則として義務づけられていることです。つまり、偽名が通用するＬＩＮＥに比べ、オープンな仕組みになっているのです。そして、その特徴こそが「フェイスブックが不倫を生んでいる」ともいわれる原因にもなっています。

つまり、フェイスブックには、登録者の検索機能があるため、思春期に憧れていた異性や諦めきれない元交際相手と再会する

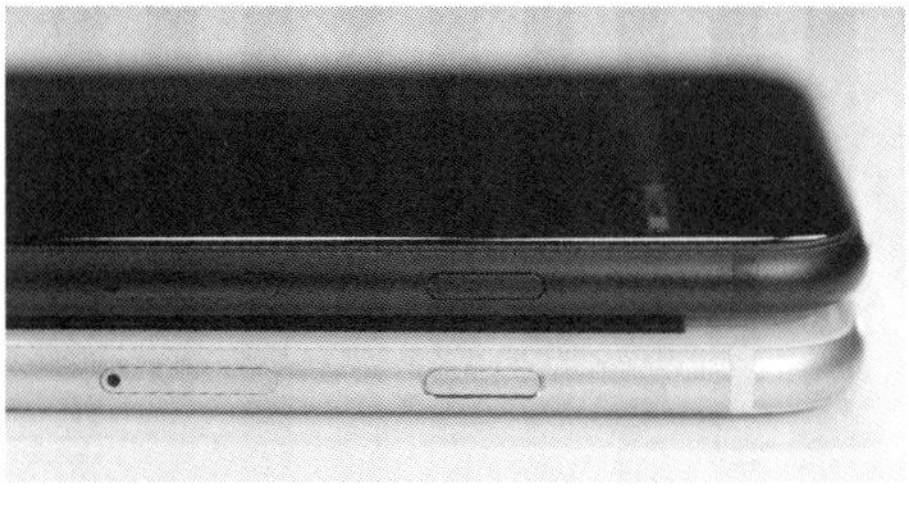

きっかけとなりえます。「実名登録」がなせる業《わざ》です。名前で検索してそのページ内にある情報で「あの人だ」と特定できてしまえば、後は「元気?」「懐かしくなって」……などとメッセージを送れます。もし、相手から返信が戻ってくれば、かつて叶わなかった恋が動き出したり、一度は破局してしまった恋愛関係が再燃したりすることもあるのです。既にどちらか(あるいは、両方とも)が既婚者なら、その恋は不倫の始まりとなります。

もちろん、フェイスブックもLINEと同様、便利であるがゆえのリスクをはらんでいます。不倫が「生まれやすい」のと同時に、バレやすい側面もあるのです。配偶者は、パートナーが不倫していると疑えば、まずフェイスブック上の「友達」の中から不倫相手を探すでしょう。中でも、パートナーの投稿内容に「いいね!」をたくさん押していたり、多くのメッセージを書き込んだりしている異性がいれば、その人を疑います。

不倫関係にある男女が、相互にフェイスブックでの発信を警戒していれば別ですが、一方に警戒心がなかったり、相手が既婚者だと知らない状態で交際を始めてしまったりした場合、安易に写真やメッセージが投稿されてしまう可能性があります。配偶者がパートナーのフェイスブックの友達のページを詳細に調べ上げた結果、何度も会っている人がいることが窺《うかが》えてしまうケースもあるわけです。

もちろん、フェイスブックも一対一のやりとりが可能なのはLINEと同じですから（メッセンジャーという機能です）、相手方に送ったメッセージや写真が結果として不倫の証拠とされてしまうリスクもあります。

過去には、アメリカ・ニューヨーク州の40代の下院議員（既婚者）がSNSなどで知り合った女性8人に自分の下着姿などの画像を送っていたことが発覚し、辞職を表明するという騒動がありました。安易な行動というしかありませんが、この人物は若くして「次のニューヨーク市長の最有力候補」と評判の良かった議員でした。将来を嘱望された人物が、フェイスブック上でつい気を許して破廉恥《はれんち》な画像を送ってしまったのです。そして、その画像はインターネット上に流出し、彼は政治生命を失いました。フェイスブック上での一対一のやりとりといっても、インターネット上でのやりとりであることに違いはありません。そして、相手方に送信されたメッセージや画像は、送った側からすると「アンコントローラブル」なものになってしまいます。そうしたリスクを考えれば、やはりフェイスブックを使う場合でも、細心の注意を払って書き込みや送信をする必要があります。一対一のやりとりであっても、常にその内容が流出する可能性を念頭に置くべきなのです。

下心に待ち受ける危険な罠

「不倫をしたい」などと下心があると、はまるかもしれない罠も、フェイスブックには潜んでいます。これは男性に対してアプローチがあったケースですが、突然、見知らぬ女性から「友達申請」が届きます。プロフィールをみると、容姿端麗な顔写真が掲載されており、居住地が近いなどの共通点があります。男性の側からすれば、ちょっと不可解に思っても、いざとなれば相手のメッセージを拒む「ブロック」などの措置も可能ですから、気軽に「友達申請」を承認して、友達関係になります。すると、相手の女性から「勇気を出して友達申請して良かったです♪」などと好意的なメッセージが送られてきます。これに応じて、メッセージのやりとりをしているうちに、相手方がもっともらしい理由をつけて「フェイスブックでのやりとりができなくなる」と、インターネット上の他のサイトに誘導をかけてくるのです。

そのサイトは、写真交換も可能という交流サイトで登録自体こそ無料ですが、メッセージのやりとりや写真交換に料金が発生する仕組みになっています。この時点で「詐欺だ」と気づけばよいのですが、フェイスブックでのやりとりがあまりにリアルで、「もしかしたら本当に」と思い込み、サイトで料金をだまし取られる羽目になってしまったケースが発生しています。

また、フェイスブックに関していえば、２０１６年５月、女性芸能人たちのフェイスブックに不正にログインしたとして、長崎県の男が不正アクセス禁止法違反の容疑で逮捕される事件がありました。被疑者の男は、誕生日などから推測したパスワードでログインして不正アクセスに成功していたようです。

今の時代、自身や家族の誕生日をパスワードにするのは、もはや絶対にしてはならない安易な方法といえそうです。

ＳＮＳの一種なのでしょうが、不倫を積極的に奨励する大胆なオンラインサービスも登場しています。「人生一度。不倫をしましょう」。そう謳《うた》う「アシュレイ・マディソン」です。２００１年にカナダで始まったこのサービスは、２０１３年に「日本版」が開設され、欧米や香港、フィリピンなどでも広まりました。利用者は既婚者限定ですから、２０１４年に韓国はこのサービスについて「（犯罪として定める）姦通罪を奨励する」として、サービスへのアクセスを遮断しました（韓国はその後の２０１５年に姦通罪を廃止しています）。日本では、戦後の刑法改正で姦通罪が既に廃止されており、不倫が犯罪になることはありません。このためか、日本政府は韓国のような対策は講じていません。

「アシュレイ・マディソン」は現在もサービスを続けています。明確に「不倫推奨」を打ち出しているだけに、他のＳＮＳや出会い系サイトと異なって、相互が不倫関係を希望しているという前提で話が進む仕組みになっています。しかし、サービスに対する評価はあまり高くありません。まず、女性登録者の多くが風俗業者やサクラではないかとの疑惑が浮かんでいます。利用者から「一向に出会いに進展しない」「実際に会えたと思ったら、風俗嬢だった」などといった声も出ているのです。

さらにいえば、料金面に不可解な点があります。「登録は無料」としながら、「利用料」として約1万円程度が必要となります。さらに、異性一人あたりへのメールの送受信について１０００円の料金が必要になります。国内の有料出会い系サイトでも、ここまで高額なサービスはないようです。そして、あまりの高額さにあきれて退会しようとすると、「解約料」としてさらに約２０００円を支払わないといけないそうです。詐欺的なサービスではないかとの指摘もあります。

しかも、「アシュレイ・マディソン」は２０１５年、「インパクトチーム」と称するハッカー集団によって登録された個人情報を盗まれ、約３２００万人ともされるデータが公開されました。この情報流出事件の流れの中で、女性会員の多くが架空であったことが暴露されるなど、サービスの虚偽性が指摘されています。今後、「アシュレイ・マディソン」が存続できるのかは分かりませんが、一部の調査によると日本人会員は情報流出事件後、ほとんど増加していないようです。女性会員の多くが架空で、高額な利用料を取られ、個人情報まで流出してしまうサービスは危うすぎます。よほどの覚悟がないのであれば、利用しない方が賢明のようです。

「不倫」を謳《うた》わないまでも、携帯電話のスマホアプリには、いわゆる「出会い系」と呼ばれるものが急増しています。

都合の良いときに都合良くアクセスでき、メッセージを送るだけで不倫パートナーに出会えてしまう。そんな情事を期待し、利用しようとする人が増えているようですが、当然、「おいしい話」にはリスクが付きものです。「無料」を謳《うた》っていても、結局は他のサイトに誘導されて「詐欺的な有料サービスに入会してしまった」などという被害報告は後を絶ちません。バーチャルな世界で不倫を求めることは、リアルな世界での不倫とは異なる性質のリスクをはらんでいます。

これまで紹介したように、ＳＮＳには多様なリスクがありますが、やはり「記録性」の危うさに注意を払うべきです。出会い系サイトも同様で、登録すれば、自身の個人情報が漏れてしまう危険性があります。また、発信したメッセージは何らかの形で残ります。携帯電話には、「スクリーン・ショット」と呼ばれる機能があり、携帯の画面上にある内容がそのまま画像として撮影されてしまい、保存もされてしまう可能性があります。SNSをはじめとするバーチャルな世界での「不倫」コミュニケーションは、記録が残るという点で最も大きなリスクをはらんでいるといえます。リアルタイムでは交際を楽しむツールとなりますが、後になっていつかメッセージや個人情報が「不倫の証拠」として我が身に降りかかってくることがありえるのです。

このように、SNSや出会い系アプリを利用した不倫には、常に大きなリスクがつきまとうと考えた方が無難です。ベッキーさんと川谷さんのスキャンダルは、SNSを不倫に利用することの危険性を示唆したものとなりました。この教訓を皆さんは無駄にしてはなりません。SNSなどは、不倫相手を見つけたり、関係を維持したりする上で極めて利便性の高いツールですが、それに比例するリスクもはらんでいます。進歩したIT技術の「安全神話」を鵜呑みにしてはなりません。SNSを利用するからには、その機能とセキュリティを十分に理解する必要があるのです。

ポイント

・ＳＮＳの安全性を過信しない
・やりとりの痕跡を残すのは危険
・ＳＮＳに潜む詐欺や情報流出に注意する

Column

あなたを「監視」する不倫防止アプリ

最近のスマートフォンには、GPS機能を利用した非常に便利なアプリがあります。スマホの位置情報が分かるアプリもその一つです。例えば、スマホを紛失してしまった場合。所有するパソコンでこのアプリを用いれば、容易に発見できます。また、小さい子どもや徘徊のおそれがある認知症の高齢者にスマホを持たせておいて、なかなか帰ってこない場合に別のスマホなどで居場所を確認できれば、安心できます。

しかし、こうした機能を悪用すれば、盗難時の探索や防犯といった正当な目的ではない使い方もできてしまいます。例えば、夫婦や恋人の一方がもう一方のスマホの位置情報を常に把握できるとしたらどうでしょう。いくら夫婦や恋人同士でも、さすがに良い気分はしませんよね。ところが、俗に「不倫（浮気）防止アプリ」などと呼ばれる位置情報アプリも登場しているのです。

例えば、実際に不倫や浮気をしてしまった配偶者や恋人に対し、「その過ちを許す」代わりにペナルティー（罰）としてこういったアプリを入れさせる約束をすることはありかもしれません。しかし、いくら夫婦や恋人でもプライバシーはあるでしょう。

基本的に、こうしたアプリは建前上、本人の同意がないとインストールできない仕組みになっているようですが、実際には本人のいない隙に別の人間が勝手にインストールできてしまうようです。従って、配偶者や恋人がこっそりとこのアプリを相手のスマホに仕込んで「監視」することも可能なようです。

２０１６年11月、京都府警ではこうしたアプリで他人の位置情報を不正に把握するなどしていたとして13人を摘発したと発表しました。同府警を含めた15道府県警が捜査に当たり、不正指令電磁的記録供用などの疑いで被疑者の逮捕や書類送検に至った大きな事件でした。

このアプリの場合、位置情報どころか、遠隔操作で電話の通話履歴やメール履歴まで閲覧できるようになっていたようです。摘発された中には、大学の助教授もいました。いずれも「（好きな異性の）情報を見たかった」とか「交友関係を知りたかった」などと供述しているようですが、多くは被害者と知人程度の関係だったようで、ストーカーともいえる行為でした。そして被害者はやはり、知らないうちにスマホにアプリをインストールされていたようです。そうしたアプリを勝手に入れられないようにするためにも、スマホは肌身離さず持ち歩くべきといえるでしょう。

CASE 2

ドロ沼不倫になるタイミング

不幸だらけな「妻が妊娠中の不倫」

芸能人のみならず、政治家の不倫スキャンダルも世間を騒がせます。宮崎謙介・元衆院議員の不倫スキャンダルもその一つです。発覚したのは、妊娠していた妻の金子恵美・衆院議員が切迫早産で緊急入院していたタイミングで、不倫相手は女性タレントでした。結局、宮崎元議員は国会内で緊急釈明会見を開いた上で、議員を辞職しました。宮崎元議員の政治生命はほぼ絶たれたといってよいでしょう。

この一件は一政治家が不倫をしたというだけの問題ではありませんでした。というのも、宮崎元議員は、妻が妊娠した際に「育児休暇を取ることによって職場で冷遇されるのではないかということが障壁になっている中、国会議員が先例となって率先して育児に参加したい」と発言し、育児休暇の取得に意欲を見せていたのです。国が民間企業に「男性社員の育児参加」を促すようになっている現代の風潮で、このときの宮崎元議員の発言は世の中に好意的に受け止められていたように思います。

しかし、発言から約２カ月後、不倫スキャンダルが発覚しました。宮崎元議員は結局、先鞭《せんべん》をつけようとした男性国会議員の育児休暇に自らみそをつけた格好になりました。実際、この騒動以後、男性国会議員の育児休暇に関する話題は一気に沈静化し、議論さえ進んでいません。

今回の一件は、出産間近の大切な時期に夫の不倫を知らされた妻の金子議員にとって、最悪のタイミングで発覚したといえるでしょう。女性にとって、出産期は最も幸せを実感できるときといっても過言ではありません。その時期に最も信頼すべきパートナーの裏切りを聞かされるなど、驚天動地の出来事であったと思います。そして、もちろん相当な精神的ダメージを負ったに違いありません。

結局、金子議員と宮崎元議員は離婚しませんでしたが、こうしたケースで離婚が成立すれば、妊娠中の夫の不倫によって妻が多大な精神的ダメージを被ったことで慰謝料が増額される可能性は極めて高いと思われます。とりわけ、女性の体は産後が大事といわれます。その時期に夫の裏切りで気を煩《わずら》わされるとしたら、精神のみならず、身体的なダメージを受けてもおかしくはないのです。

また、タイミングの悪さという点では、やはり国会議員という立場から社会的に影響力のある発言をしていた直後の出来事であったことが、輪をかけたといえるでしょう。このスキャンダルは、宮崎元議員と金子議員という一夫婦の問題にとどまらず、社会的にも最悪のタイミングでした。そうした意味で、宮崎元議員の不倫はこの上なく罪が重いといわざるをえません。

宮崎元議員の不倫騒動から、ちょうど半年後、今度はタレントの小倉優子さんの夫で美容師の菊池勲さんの不倫が発覚しました。菊池さんは、現在は解散したアイドルグループSMAPのヘアメークなども担当していたカリスマ美容師です。夫妻は2011年に結婚、小倉さんは翌2012年に第一子を出産し、ママタレントとして活躍していました。そして、小倉さんが第二子を妊娠中に菊池さんの不倫が発覚したのです。

報道直後、菊池さんは不倫を否定していましたが、その相手とされたのは、小倉さんの所属事務所の後輩でした。不倫疑惑発覚後、この後輩の女性タレントは事務所から契約を解除されました。この女性は小倉さんより知名度の低いタレントでしたし、同じ所属事務所の先輩の夫と不倫関係になったとしたら、事務所の選択肢は「もうからない方を切る」しかありません。そしてこの契約解除という事実が、不倫関係が真実だったことを窺《うかが》わせます。おそらく、この女性タレントが今後、芸能界に復帰することは困難でしょう。

第二子をおなかに抱えながら4歳の長男の子育てをしていた小倉さんに、この不倫報道は大きなダメージを与えたに違いありません。小倉さんはブログで「この話を聞いて、凄くショックでしたし、主人に腹立たしい気持ちでいっぱいでした」と率直な思いを吐露《とろ》しています。夫と事務所の後輩の二人に同時に裏切られたわけですから、ショックを受けたのは当然のことです。その後、小倉さんは離婚を発表しました。

宮崎元議員と金子議員の夫婦は不倫疑惑発覚直後、「離婚は時間の問題」といった報道が目立ちましたが、結局、離婚には至っていません。夫婦間で大きな葛藤があったことは想像に難くありません。それでも、離婚を選択しなかったのは、やはり罪のない新しい命が生まれてくるという点に尽きたのではないでしょうか。

不倫をされた妻の立場になっても、出産直後の大変な子育てのことを考えれば、厄介な離婚の手続きや裁判をする余力はほとんどないでしょう。そうした意味で、妻の妊娠中の不倫は、離婚には至りにくいのかもしれません。

しかし、不倫をした側の夫にとって、「離婚せずに済んだ」ことで事は終わりません。一生、妻に「あなたはあんな大事なときに」と責め続けられても、言い訳はできないのですから。不倫をするとしても、最悪のタイミングは避けなければなりません。

不倫中に妊娠したらどうなるのか

不倫と妊娠という二つのキーワードでいえば、夫が不倫相手を妊娠させてしまうケースと、妻が不倫相手の子を妊娠してしまうケースがありえます。CASE5で詳しくお話ししますが、一般的に双方のパターンでは、どのようなことが起こりうるのかを紹介しましょう。

夫が不倫相手を妊娠させてしまった場合、相手が子を産むのか産まないのかで、夫のその後の人生は大きく変わることになります。多くの場合は避妊対策をしているはずでしょうが、不倫相手の意図的な罠にかかるということもありえます。「今日は安全な日だから」という相手の言葉を信じて性行為に及んだ結果、相手が妊娠してしまったというケースです。

このケースでは、不倫相手が「子をもうける」という既成事実をつくって妻との離婚を迫ったり、養育費を要求してきたりすることが考えられます。妻と離婚するつもりのない夫、あるいは経済力のない夫にとっては、極めて高いリスクをはらみます。この場合、女性に「赤ちゃんを堕ろしてほしい」と頼んでも、応じてもらえない可能性があります。こうした状況で「堕ろす」「堕ろさない」の口論が殺人事件や傷害事件に発展することもままあります。

「俺の子じゃないのでは」と言っても、ＤＮＡ型鑑定の発達した現在では、容易に「あなたの子です」と判定されてしまいます。昔は、よほどの証拠がない限り、父子関係をあいまいにできましたが、今はそうはいきません。科学の発達は人間に多くの恩恵をもたらす一方で、一部の人にとっては、非常に不都合な結果をもたらしたのです。

妻が夫以外の男性との子を産んでいたというケースでは、アイドルグループ光ＧＥＮＪＩの元メンバー・大沢樹生さんと元女優・喜多嶋舞さんの例があります。夫婦の子として育てられてきた子が大沢さんの実子でないことが分かって大きなスキャンダルになりました。この騒動では、後に大沢さんと「息子」との間に血縁がないことがＤＮＡ型鑑定で明らかになりました。このとき、大沢さんは「自分の実子と思ってきたわけで、違う結果が出ても気持ちが急にぶれることはない」としつつ、「正直受け入れられないというのが本音といえば本音」と複雑な心境を吐露《とろ》しています。大沢さんと喜多嶋さんはこのとき、既に離婚していましたが、婚姻中なら当然、離婚も視野に入れた夫婦の修羅場が始まったことでしょう。

不倫した妻の妊娠については、最高裁が２０１４年に重要な司法判断を下しています。血縁上の父子関係がないと証明された場合に、法律上の父子関係を取り消すことができるかどうかが争われた３件の同種裁判について、最高裁は一貫して「血縁関係がないことが科学的にわかっても、法律上の父子関係を取り消すことはできない」と判断しました。３件のうちの1件目は、妻が他人の子を産んだ際に夫に「あなたの子ではない」と告白していました。それでもこの夫は、「自分の子」とする出生届を出し、我が子として育てていましたが、結局、夫婦は離婚に至ります。妻は子の実父と再婚し、元夫の方が裁判所に「父子関係の取り消し」を求めました。２件目は、妻が夫の単身赴任中に不倫相手の子を妊娠して出産したケースです。夫は自分の子と信じて出生届を出していましたが、夫婦が別居するようになった後に妻の側が裁判所に「父子関係の取り消し」を求めました。３件目は、離婚後に元夫が子との血縁関係を疑い、ＤＮＡ型鑑定をしたところ、「血縁関係なし」と判明したため、裁判所に「父子関係の取り消し」を求めたケースです。

最高裁は、ＤＮＡ型鑑定の結果により血縁上の父子関係が否定されても、法律上の父子関係は取り消せないとしたのです。下級審（全国の地裁や高裁）は最高裁の判例に従うことになっていますから、この判例に従えば、知らないうちに妻に不倫をされて、自分の子ではない子を愛して育てたあげく、離婚しても、裁判では「父子関係は取り消せない」と判断されてしまうことになります。

この司法判断は、普通の感覚なら、とても理不尽なことのように思えます。しかし、最高裁は、「生物上の父子関係」より「法律上の父子関係」を優先しました。「法の安定」の重要性を意識した判断といえます。もちろん、日本は法治国家ですから、法の安定は大切です。しかしながら、生物上の父子関係が容易に明らかになる現代において、「生物上の父子関係」よりも「法律上の父子関係」を優先することが時代に見合ったものといえるのかどうかは疑問が残ります。今回の裁判での最高裁の判断は、法治主義の重要性を再確認する意義ある判断だといえますが、不倫をされた夫の側にとって酷とも思える判例となってしまいました。このような理不尽なケースが本当に許されるのか、法律の改正などで解決することはできないのか、今後も議論が必要なテーマであるでしょう。

一方で、この司法判断と、現実的な個別の夫婦事情は意味合いが異なります。不倫相手の子を妊娠してしまった妻が、夫との間で有利な立場となることは一般的にはありえません。不倫相手との子を宿したことが発覚して離婚することになれば、当然、元妻は高額な慰謝料を求められることになります。DNA型鑑定が発達しているだけに、妻が「あなたの子」と言い張っても、科学的には不倫相手の子だと簡単に証明されてしまうことは、先にも書いたとおりです。前述のような重要な最高裁判断があったことを前提としても、夫を裏切って不倫相手との子を産んでしまった妻が、有利に離婚裁判を進めることは決してできません。

夫に不倫された妻が取る行動とは

次に、不倫をされてしまった側の対処について説明します。不倫された側からすると、配偶者に対する怒りはもちろん、不倫相手に対しても憤りを覚えるに違いありません。行き場のない憤懣《ふんまん》をせめて金銭的に晴らしたい。そう思う配偶者もいるでしょう。配偶者はパートナーの不倫相手に損害賠償を請求できるのでしょうか。

答えはイエスです。民法では「故意又は過失によって他人の権利又は法律上保護される利益を侵害した者は、これによって生じた損害を賠償する責任を負う」と規定しています。この条文に基づき、不倫相手の行為は「婚姻共同生活の平和の維持という権利又は法的保護に値する利益を侵害する行為」（最高裁判例より）として損害賠償請求することができます。つまり、「不倫」は法律上、損害賠償請求の対象となりえる「不法行為」なのです。

既婚男性と肉体関係を結んでしまった女性の場合、自由意思に基づく行為であれば（レイプなどは別という意味です）、それは法律上の「不法行為」に該当すると知っておく必要があります。より丁寧にいえば、既婚男性との不倫は、その男性の妻の「権利を侵害した」とみなされるのです。

従って、権利を侵害された妻は、夫の不倫相手に損害賠償を請求できます。精神的な苦痛を被ったとして慰謝料を請求できるのです。近年の賠償額の相場は、だいたい１００～３００万円程度です。もちろん、訴えた側の妻が妊娠中であったり、出産期であったりして、夫の不倫相手の女性がそのことを知っていながら肉体関係を結んでいれば、慰謝料の額が増える可能性もあります。

ただ、不倫相手が賠償責任を負うという考え方については、否定的な学者も少なくありません。一義的には、不倫をした配偶者が悪いという論理です。確かに不倫相手の側からしても、「あんたの夫（妻）から誘ってきたんでしょ。なんで私が賠償しないといけないの」「夫（妻）をグリップできていないあなたが悪い」などと感じる人もいるでしょう。

もちろん、現実的に不倫をされたからといって、「配偶者の不倫相手と関わりたくない（話もしたくない、連絡も取りたくない）」あるいは「いやな思い出をぶり返したくない」と慰謝料請求にまで至らない人もいるようです。一方で、損害賠償請求訴訟を起こして勝訴し、配偶者の不倫相手に金銭債務を負わせるだけでも気が晴れるという人もいます。どちらを選択するかは、その人次第です。

タイミングの悪さという意味で、2016年9月に明るみになった歌舞伎役者・中村橋之助さんの不倫報道には、まさに「まさか、こんなときに」と驚かされました。週刊誌があえてタイミングを狙っていた節もありますが、「襲名」という歌舞伎界では非常に重要な行事を直後に控えた時期に不倫スキャンダルが発覚したのです。

不倫相手とされたのは、京都の人気芸者でした。報道によると、妻で元アイドルの三田寛子さんは「ただただ淡々と叱りました。『あなた、今がどんなに大事な時期か分かりますね？』と。主人は『分かります。申し訳ない』と平謝りでした。ウチには〝芸の肥やし〟とかありませんから！」と中村さんを叱ったそうです。この大事なときというのが、翌月に予定されていた「八代目中村芝翫《しかん》」の襲名披露のことだったのです。

それは中村さん自身の襲名だけにとどまりませんでした。中村さんの長男の国生さんが四代目中村橋之助を、次男の宗生さんが三代目中村福之助を、三男の宜生さんが四代目中村歌之助を、それぞれ襲名することになっていたのです。いわば、息子たちの門出を祝うべき父親が、自身の不倫スキャンダルで泥を塗ってしまったわけです。身から出たサビというしかありませんが、中村さんにとってまさに痛恨の極みだったといえるでしょう。

三田さんの言葉に出てきましたが、芸人にとって不倫や浮気は「芸の肥やし」といわれたおおらかな時代がありました。演歌歌手・都はるみさんの『浪花恋しぐれ』という歌に「芸のためなら　女房も泣かす」というフレーズがあります。これは日本一の落語家を目指す男が主人公という設定ですが、今の時代に、とても通用するフレーズではありませんね。だからこそ、三田さんも「ウチには〝芸の肥やし〟とかありませんから！」と発言したのだと思います。

中村さん夫妻の場合は、三人の息子さんが襲名を経て一人前の歌舞伎役者としてこれから歩んでいくこともあったと思いますが、三田さんが否定した通り「離婚」はしませんでした。しかし、熟年期の不倫発覚は、子が親の手を離れたタイミングと重なって離婚に発展する可能性が高いという現実もあります。これも、ある意味で一つの「悪いタイミング」です。不倫をきっかけに、離婚という道を選ばざるをえなくなった場合、どのような法的手続きをとることになるのかを説明しておきましょう。

離婚に至る不倫

まず、夫婦間での話し合いで合意に至った場合は、「協議離婚」という方法を取ることになります。具体的には、夫婦と証人二人が署名・捺印した離婚届を、夫婦の住所地か本籍地の市区町村役場に提出すれば、離婚が成立します。この証人は成人であれば、誰でもなれます。両親や兄弟姉妹、友人はもちろん、成人になっていれば子でもなれるのです。また、離婚手続きに関わっている弁護士も証人になれます。借金の連帯保証人などと違い、この証人が法的責任を負うような場面はありませんから、離婚の事実を確認して証明してくれる人が二人いれば事足りるということになります。

ちなみに、証人を頼める身内も友人もいない場合は、証人代行業者を利用する手もあります。証人を頼むにあたってこうした業者に金銭を支払うこと自体に問題はありませんが、証人代行業者に頼む場合は高額な請求をするような悪質業者でないか、気をつける必要はあるでしょう。また、人に頼むのは面倒だからと、自分たちで架空の人物をでっち上げて記入すると、刑法の私文書偽造罪に問われる可能性があります。

さらに偽造した離婚届を役場に出せば、偽造私文書行使罪に問われる可能性がありま す。届けた文書自体が無効になるうえ、その離婚届を提出することで、戸籍に虚偽の事実を記載させることになれば、公正証書原本不実記載罪に問われる可能性もあります。

ちなみに、不倫をした配偶者への怒りから、配偶者に無断で署名・捺印をして役場に提出したらどうなるでしょうか。この場合も、離婚届を勝手につくった配偶者が私文書偽造や偽造私文書行使の罪に問われることになります。また、この偽の離婚届を提出することで役場側に虚偽の戸籍を作成させてしまうと、さらに公正証書原本不実記載罪に該当してしまいます。不倫をした配偶者への当てつけのつもりでも、公的機関が絡んでくる手続きですから、不用意なことをしてはいけません。腹いせ

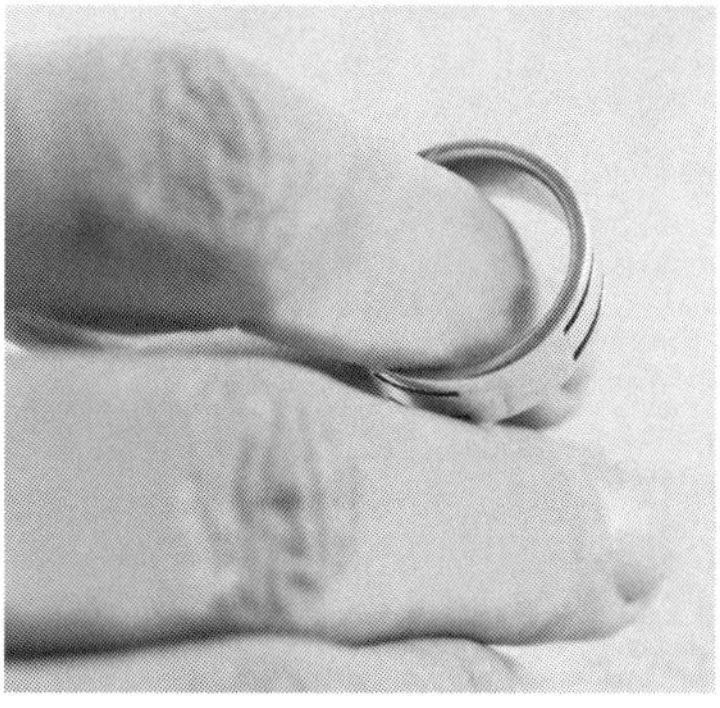

のつもりでも、自分が犯罪者になってしまいます。

夫婦間の話し合いでは合意に至らず、協議離婚ができない場合は、家庭裁判所への「調停申し立て」に移ることになります。

実際に裁判所で行われる調停では、主に調停委員と呼ばれる地域の名士的な人たち（裁判官ではありません）が関与します。調停委員は夫婦それぞれの話を十分に聞いて公平な結論を出すことに努めます。その結果、委員が婚姻継続は困難と判断し、子の親権や養育費などの条件を決めた上で、夫婦双方の納得を得られれば「調停離婚」の成立に至ります。

調停離婚の結果は、養育費や慰謝料などの取り決めとともに「調停調書」として書面化され、多くの場合は同時に作成する「離婚届」を役場に提出して手続きが完了します。この調停離婚の場合には、戸籍上は「調停離婚」として扱われますが、裁判所お墨付きの調書に離婚条件が明記されている以上、「言った、言わない」のトラブルを防ぐことができるメリットがあります。また、戸籍には協議、調停、審判、判決などの離婚理由が記載されることから、戸籍に「調停離婚」と記載されて、離婚トラブルがこじれたので調停を経て離婚に至ったことが明らかになることを嫌って、一旦は申し立てた調停を、成立間近に取り下げて、わざわざ協議離婚とするケースもあります。

協議離婚も調停離婚もうまくいかない場合は、「離婚裁判」を行うことになります。調停と裁判の間に位置する手続きとして裁判官による「審判」という手段がありますが、結論に異議申し立てがあれば効力を失うこともあって利用者も少ない手続きなので、ここでは省略します。

「不貞な行為」とは何か

離婚裁判では、民法が定める５項目の離婚原因のどれか一つを立証できれば、離婚判決を得ることができます。不倫が原因の場合、５項目のうちの「配偶者に不貞な行為があったこと」を立証することになります。「不貞な行為」とは、判例で「配偶者ある者が、自由な意思にもとづいて、配偶者以外の異性と性的関係を結ぶこと」と定義されています。「自由な意思にもとづいて」とは、「配偶者ある者」が異性から誘われた場合も含み、きっかけは何であれ、自分の意思（つまり無理矢理ではない状況）で「性的関係を結ぶこと」を意味します。

この「性的関係」には、手をつないだり、ハグしたり、キスしたりといった行為は含まれません。「キスしただけで十分不倫だ」という考え方の人はいるかもしれませんが、裁判上は「性的関係」に該当しません。また、性交に至らないいわゆる「ペッティング」も不貞行為に当たらないという解釈が一般的です。つまり、性交に至らないような身体的接触は裁判上、原則として「性的関係」と認められないと考えてよいでしょう。

このように、性交という性器の挿入行為を伴う行為が、「性的行為」に当たるわけですが、回数が一回なのか複数回なのかで裁判所の判断は異なります。一回だけの性交では、不貞行為を理由とする離婚を基本的に認めていないのです。民法は不貞行為が立証されても「一切の事情を考慮して婚姻の継続を相当と認める場合は、離婚請求を棄却できる」と定めているため、裁判所は一回きりの性交は「過ち」ととらえて離婚を認めないのです。

もちろん、一回の不貞行為しか立証できなくても、裁判所が離婚判決を出す可能性が全くないわけではありません。先に示した離婚原因の5項目には他に「婚姻を継続し難い重大な事由」があります。不貞行為を一回しか立証できなくても、同じ相手との親密な関係が長期間続いていることが明らかで、それが原因で何度も激しい夫婦ゲンカを繰り返してきたことなどが明らかにできれば、「婚姻を継続し難い重大な事由」に当たると認定される可能性はあります。

それでも、裁判で離婚を勝ち取るには、複数回の不貞行為の立証がセオリーです。訴えられる側の配偶者はそのための証拠集めが必要となりますし、訴えられる可能性のある側で離婚を望まない人はそうした証拠を残さない工夫が必要となります。

判決を左右する不貞行為の証拠

離婚裁判の証拠は多様なものが考えられます。最も直接的な証拠は、ベッドで撮影した写真や性交を窺《うかが》わせる内容の手紙やメールです。とりわけ、携帯電話のカメラ機能が発達した現在では、カメラを持ち歩かなくとも、気軽に撮影ができます。行為中の写真や裸の写真などが見つかれば、確実にアウトです。家族で共有するカメラならばともかく、個人所有の携帯電話に入れておけば見られないだろう、という考えも危険です。画像の存在を忘れた頃に、配偶者に見つかることも考えられます。メールのやりとりも然《しか》りです。不倫相手と自分の二人しか見られないのだから、と高を括《くく》って卑猥な内容を交換した結果、知らないうちに配偶者に見られてそのまま別の携帯で画面を撮影されて保存されていた、となれば立派な不倫の証拠になります。

もちろん、配偶者であっても黙って携帯電話の中身を盗み見ることは、プライバシー侵害といえます。また、不倫を疑ってラブホテルなどで張り込んで、配偶者と不倫相手の写真を撮るのもプライバシー侵害です。探偵を雇ってそうした証拠を押さえることも、厳密にいえばプライバシー侵害です。しかし、いずれも民事裁判の証拠としては有効です。刑事裁判の場合は、違法な方法で収集した証拠は、「違法収集証拠排除法則」という刑事訴訟法上の法理で、証拠としての能力が否定されます。つまり、それがいかに決定的な証拠であっても、裁判では証拠として通用しません。刑事裁判では、被告人が刑罰を科せられる可能性がありますから、憲法が「法律の定める手続によらなければ、生命若しくは自由を奪われ、又はその他の刑罰を科せられない」と適正手続の保障を定めています。しかし、民事裁判ではそういった明文規定がありませんので、証拠の収集方法が別途、刑事事件として立件されるようなよほど違法性の高いレベルでない限り、盗み見や盗撮などの方法で入手した証拠も通用するのです。

不倫の証拠として、写真やメール以外に考えられるものは、他にどのようなものがあるでしょうか。まず、財布に思わず入れていたものが、証拠になることがあります。捨てようと思って（あるいは見られないだろう、と高を括《くく》って）保管していたホテルのスタンプカードや領収書。不倫相手に買ったプレゼントの領収書や、一緒に行った映画の半券、旅行先での領収書類なども不倫の証拠になりえます。不倫相手の髪の毛（特に女性の場合）や飼っているペットの毛が、配偶者の衣服などに付着しているのを見つけて保存しておいても、証拠の一つになる可能性があります。

また、不倫が疑われる配偶者が車を使う場合、車内に不倫の痕跡が残ることがあります。たとえばカーナビゲーションの履歴です。配偶者が土日に「ゴルフに行く」と言って車で出ていったのに、目的地がデートで使われがちな観光スポットや飲食店、場合によってはホテルだったりすれば、不倫疑惑は濃厚になります。また、領収書類がダッシュボード内に入っていたり、トランクの中に不倫相手からもらったプレゼントが隠してあったり、といったケースも考えられます。また、不倫相手が女性の場合は、車内に長い髪の毛や香水の匂いが残されている場合もあります。もちろん、匂いを証拠として残すことはできませんが、不倫疑惑を追及する上でのきっかけにはなるでしょう。

極めて慎重に不倫に及んでいる人の中には、あえてレンタカーを利用する人もいます。自家用車に不倫相手の痕跡を残さず、ふと家族のことを思い出さなくても良いので都合が良いということのようですが、そこまで徹底する猛者もいるのです。

　不倫の証拠としては、二人がラブホテルに入っていく場面を押さえられれば、証拠としては万全です。しかし、シティホテルなどの場合、二人で同時に入るところを押さえたとしても、ホテル内の喫茶店やラウンジで話をしていたと言われれば、ごまかされてしまいます。

　また、車内での密会という点で不倫カップルがカーセックスに及んでいた場合、探偵でも証拠写真を押さえることが難しいといわれます。ラブホテルなどに入る二人の姿や車を撮影するのとは異なり、車内の様子を撮影しなければならないため、かなり接近しないといけないからです。窓ガラスがスモークになっていたり、窓の内側にカーテンがかかっていたりすれば、さらに困難を極めます。２０１６年7月に「フライデー」がＮＨＫのアナウンサー同士の不倫カーセックス疑惑を写真付きで報じましたが、あそこまで大胆なケースはまれでしょう。

　ちなみに探偵を雇うと、非常に高額な調査費用がかかり金銭的な負担が大きくなります。事務所によって異なりますが、調査員一人あたり一時間の調査で1万円といった相場観になりますので、一日あたりの料金が10万円を超えることも十分ありえます。ドラマなどにはよく登場しますが、よほど経済的に余裕のある方でないと、依頼は難しいでしょう。現実的には、なるべく自分で証拠を押さえた上で、離婚裁判に慣れた弁護士を頼ってアドバイスを受けるほうが資金的にも合理的といえます。

ポイント

・妻が妊娠中の不倫は、一生責め続けられる、恨まれる可能性が大きい
・離婚には体力、時間、気力、お金がかかると心得よ
・不倫慰謝料（損害賠償額）の相場は１００〜３００万円程度

Column

「浮気」と「不倫」の違い

一般的に使われる用語としての「浮気」と「不倫」には、若干、異なる意味合いがあります。通常「浮気」は婚姻前の恋人同士の間で別の恋人をつくるようなケースを含みますが、「不倫」は婚姻中の婚外恋愛に限定されます。こうした違いを前提にすれば、「不倫」は「浮気」に比べてより明確に法律婚に反する意味を持ち、「不」が付くので、よりネガティブなニュアンスを含んでいます。

『3年目の浮気』という歌がかつて流行しましたが、この歌のフレーズにあるように「浮気」には「大目に見てもらえる（ことを期待できる）」響きもありますが、「不倫」はそうした意味合いを含みません。近年のメディアは、既婚者の恋愛をすべて「不倫」という表現で報じますが、どうしても「浮気」より深刻な印象を与えます。

そもそも「倫」は、「人の道」を意味する漢字です。「人偏」が文字通り「人」を意味する一方、つくりの「侖」は文字を書くための木札をひもで整然とつないだ形から生まれ、「きちんとした」とか「整然とした」といった語意があります。従って「不倫」の意味は、一義的には「人の道に反すること」になります。「浮気」が「浮ついた気持ち」

であるのと対照的に、重いイメージですね。

ちなみに、「倫」という字が使われる熟語には、他に「倫理」「人倫」などがありますが、よく耳にする言葉としては、「（一晩に何度も性行為ができてしまうような）精力の強い男性」を意味する言葉として使われることの多い「絶倫」があります。しかし、この言葉は本来、「仲間より優れていること」を意味し、「精力の強さ」とは関係ありません。元々「精力絶倫」という四字熟語があり、いつの間にか「精力」がとれても、そのニュアンスが「絶倫」に残ってしまったようです。

「倫」自体は元々、良い意味の漢字なので、以前は男の子なら「倫太郎」、女の子なら「倫子」といった名前もよく見かけましたが、近年は「不倫」や「絶倫」のイメージが強いからなのか、あまり子どもの名前に「倫」を見なくなったように思います。

それでも珍しく「倫」という名前をつけられた小学生の女の子が、「どういう字を書くのか」と大人に聞かれたときに「不倫の倫だよ」と答えた、という笑い話を聞いたことがあります。本来「倫」はすばらしい漢字なのに、「不倫」という言葉があまりに世間で流行してしまうと、このようなエピソードまで生まれてしまうのですね。笑い話というより、笑えない話なのかもしれませんが……。

CASE 3

リスクも2倍のW不倫

夫の不倫、妻の不倫

衝撃だった不倫報道の一つに歌手のファンキー加藤さんのケースがありました。相手が、友人だったお笑いコンビ・アンタッチャブルの柴田英嗣さんの妻で、妊娠させていたという事実まで明らかになり、その衝撃度は大でした。ファンキー加藤さんは既婚者で、妻は所属していた人気グループ・ファンキーモンキーベイビーズの元マネージャーだったそうで、妻との間には子もいました。一方の柴田さんと妻にも子が2人いたといいますから、W不倫だったわけです。

ファンキー加藤さんの記者会見での説明によると、加藤さんから柴田さんの妻に声をかけたそうです。ただ、女性が既婚者で、柴田さんの妻だったことは知らなかったそうで、加藤さんの側にW不倫の認識はなかったのかもしれません。もちろん、加藤さんは著名人ですから、柴田さんの妻の側には相手が既婚者だとの認識があった可能性があります。結局、柴田さんと妻は離婚し、柴田さんの元妻は加藤さんとの間の子を出産したそうです。加藤さんは子を認知し、養育費も払っていくようですが、「（不倫を）一生償《つぐな》っていく」として妻と離婚しない意向を示しました。

W不倫は一般的には、相手が既婚であると当事者双方が認識しているのであれば、割り切った関係を維持できるため、リスクが少ないようにも感じられます。仮に不倫関係を終わらせることになっても、互いに不倫の事実をなかったことにして元の家庭に戻ることができます。一方が既婚者で他方が未婚者である場合は、立場が異なるために未婚者側が既婚者側に離婚を迫るようになってトラブルに発展する可能性がありますが、既婚者同士の場合は「家庭を守りつつ恋愛を楽しむ」というセーフティな関係でいられます。こうした「利点」もあり、安易にW不倫に走るカップルがいるのでしょう。

しかし、下手をすれば、既婚者同士のW不倫はリスクが2倍になりえます。つまり、双方に配偶者がいる以上、発覚した場合は、不倫相手の配偶者と自身の配偶者という二人から責められることになるのです。不倫相手の配偶者から不法行為に基づく損害賠償を請求される可能性があるのはもちろん、自身の配偶者からも離婚を突きつけられ、あげくの果てには慰謝料や養育費を支払わされる羽目になるかもしれません。また、自身が離婚に至らず、不倫相手が離婚に至った場合、不倫相手から「あなたも離婚して、一緒になってほしい」と追い詰められる可能性もあります。双方が既婚者であるという元々の「安心感」が、翻《ひるがえ》って大きな足かせに転じてしまうかもしれないのです。

とりわけW不倫の場合、既に双方の夫婦関係が破綻状態にあるケースも少なくありません。このように「不倫に至る前に既に夫婦状態が破綻していた」場合は、配偶者の不倫相手に不法行為の慰謝料を請求することができないこともあります。

例えば、夫婦が既に別居状態にあったとか、同居していても夜の営みが長年なく言葉もまともに交わしていなかったケースです。このため、不倫を巡る裁判では、「夫婦関係が破綻状態であったかどうか」が大きな争点となります。こうした場合は、夫婦が最後にした性交渉がいつだったのかがポイントになりますが、「破綻状態」を具体的に証明するのは非常に難しいのが実情です。

同居が続いていて、少なくとも同じベッドで寝ていれば、「破綻状態にあった」と証明するのは難しいといえます。

不倫に時効はあるのか

配偶者の不倫相手に慰謝料を請求する場合、時効に気をつけなければなりません。不法行為による損害賠償請求権について、民法は「損害及び加害者（不倫相手）を知ったときから3年間行使しないときは、時効によって消滅する」と定めています。つまり、不倫相手が分かったときは3年以内に行使しないと、損害賠償請求権が時効で消滅してしまうことになります。例えば、配偶者の不倫相手を知ってから5年たって夫婦喧嘩などで昔のことを思い出し、腹いせに不倫相手に慰謝料を請求しようとしてもできないのです。

ジャーナリストの山路徹さんとタレントの麻木久仁子さんもW不倫でした。山路さんは、タレントの大桃美代子さんと婚姻中に麻木さんと不倫関係になりました。このとき、麻木さんも結婚していて、双方が既婚者でした。この不倫騒動は、山路さんとの離婚後、W不倫をされていたことを知った大桃さんがツイッターで暴露したことが事の発端でした。「今年嬉しかった事は、ツイッターを始めて色々な方と出会えたこと。ショックだったのは、元夫が麻木久仁子さんと不倫をしていた事がわかったこと。先輩として尊敬していたのに、ショック　どうして　辛い」。書かれた内容を見ても、大桃さんがいかに理不尽な思いをしたのかが分かります。自身にとって恥にもなるようなことをストレートに書いていることからも分かるように、よほど感情的になっていたのでしょう。

結果的に山路さんは、離婚した麻木さんと再婚します（実際は3回目の結婚で、再々婚です）。ところが、この結婚も破綻し、二人は結局、離婚しました。W不倫を暴露され、一緒になったものの、世間の二人に対するイメージは悪く、仕事の数も減ってしまったのかもしれません。「二兎を追う者は一兎をも得ず」ということです。W不倫の末、結ばれた者同士に対する世間の目は決して好意的ではありません。

麻木さんには前夫との間に子が一人いましたが、不倫による離婚の結果、最も辛い思いをするのは、子です。子のいる夫婦が離婚した場合、まずどちらが子を引き取るのかという「親権」の問題が生じます。民法は「成人していない子は夫婦が共同して親権を行使する」（共同親権）と定めていますが、夫婦が離婚した場合は、いずれか一方を「親権者」に定めなければなりません。協議離婚をする場合は、夫婦の話し合いでどちらが親権者になるかを決めなければなりませんし、裁判離婚の場合は裁判所が決めます。

「親権」を巡る裁判に関しては、有名な外国映画があります。1979年に公開されたアメリカ映画の『クレイマー、クレイマー』です。ダスティン・ホフマンが夫、メリル・ストリープが妻の役を演じた名画です。この映画のタイトルは、夫婦だったクレイマー夫妻が離婚裁判をすることになり、「原告クレイマーさん、被告クレイマーさん」で争われたことを意味します。ネタばらしになってしまいますが、裁判ではダスティン演じる元夫が敗訴し、親権はメリル演じる元妻が獲得することになりますが……、この後はやめておきましょう。いずれにせよ、一度は愛し合って子をもうけた夫婦の離婚を巡る心の葛藤を見事に描いていますので、一度はご覧になることをお勧めします。

離婚の際に問題となる養育費の相場

話を元に戻しますが、日本では親権は大きく「財産管理権」と「身上監護《しんじょうかんご》権」に分かれます。おおざっぱに説明しますと、前者は子を金銭的に養うこと、後者は子を実際に世話することを意味します。従って、親権者は子と同居して世話をしながら、金銭的にも養っていく義務を負います。親権は多くの場合、母親が持ち、父親から提供される養育費も含め、金銭的に子を養います。しかし、例外的に「身上監護《しんじょうかんご》権」の方を親権者でない親が持つ場合があります。父親が親権を持つものの、仕事の都合でほとんど子の面倒を見ることができないといった事情がある場合です。この場合は、子は親権のある父親ではなく、その一部を切り離した「身上監護権《しんじょうかんご》」を有する母親と同居することになります。つまり、例外的に親権者が子と同居しないケースがあるということです。

そして、離婚した夫婦の子に必要なのが養育費です。子にとって、両親の不仲による離婚は、納得のいかないものでしょう。ましてや、親の離婚の原因が不倫だとしたら、子が被る精神的なダメージは大きいと思われます。当然、親は、不倫の末に離婚しても、子が不自由なく生活していけるよう支援していかなくてはなりません。そのための金銭的な手当が養育費です。

養育費は、経済的・社会的に自立できていない子の生活費や教育費、医療費などに必要な費用です。「母子及び父子並びに寡婦福祉法」は「母子家庭等の児童の親は、当該児童が心身ともに健やかに育成されるよう、当該児童の養育に必要な費用の負担その他当該児童についての扶養義務を履行するように努めなければならない」と定めています。つまり、養育費の支払いは法律によって義務とされているのです。また、2011年の民法改正によって、夫婦が離婚する際の養育費の分担決定が明文化されました。条文には「父母が協議上の離婚をするときは（中略）子の監護《かんご》に要する費用の分担その他の子の監護について必要な事項は、その協議で定める」「協議が調わないとき、又は協議をすることができないときは、家庭裁判所が（養育費を）定める」と記載されています。協議で決められない場合は、家庭裁判所が調停や審判、裁判で養育費について決めるのです。

養育費の相場はどの程度なのでしょうか。養育費を負担する「義務者」の収入状況や子の年齢など個々の家族によって事情はさまざまでしょうから、一概にはいえませんが、家庭裁判所が目安として示している「養育費算定表」が基準になります。この表は、インターネットで調べれば、裁判所のホームページからダウンロードできます。誰でも容易に見ることができますので、試しに計算してみてはいかがでしょうか。

国の近年の司法統計によりますと、子一人の場合の養育費の月額は2～4万円が約半数を占めています。つまり、月3万円が平均額といったところでしょうか。次に多いのが4～6万円で約20％。次が1～2万円で約18％。10万円以上というケースも約3％あります。こうした金額を子が成人になるまで支払っていかなければならないのは、当然、相当な経済的負担となります。元配偶者との関係は修復のしようがなくても、自分の子はかわいいと思う人は少なくないはずです。そうした意味では、養育費を払い続けるのは当たり前と考える人もいるでしょうが、身近で成長を見られない子のためにお金を払い続けることに不満を感じる人も多いかもしれません。しかし、それは法的な義務なのです。

不倫で家を出た後でも子に会えるのか

離婚に当たって養育費とともに問題になるのが面会交流です。日本では元々、親が離婚した子は二度と片方の親と会えないような風潮がありました。小泉純一郎元首相の長男で俳優の小泉孝太郎さんは、4歳のときに両親が離婚し、長らく母親と会うことができなかったそうで、母親が親権を得た弟（元首相の三男）の結婚式で、久々に母親と再会したそうです。

面会交流は養育費と同様に、民法に「父母が協議上の離婚をするときは、子の監護《かんご》をすべき者、父又は母と子との面会及びその他の交流（中略）について必要な事項を、その協議で定める」とされています。その際には「子の利益を最も優先して考慮しなければならない」とも記されています。離ればなれになった親の一方が子に会えるよう面会交流について決めなければならないという理屈ではありません。あくまで、「子の利益」を考慮して面会できるようなルールを決めなさいということです。離婚の原因は両親にあって、子に罪はないわけですから当然といえば当然でしょう。

しかし、現実には離婚の際に取り決めたはずの面会交流が、約束通りに実行されないケースが多くあります。子を元配偶者に会わせることで離婚時の嫌な思い出をよみがえらせたくないと考える人もいれば、面会交流を重ねるうちに子が別居親の側になついてしまい、自分の元を離れて別居親と一緒に住みたいと思うようになってしまうのではないかと心配する人もいるようです。離婚時に定めた約束では、別居親は月に一回のペースで子に会うことができるということになっていたとしても、同居親の方が「用事があって行かせられない」「会いたがっていない」と理由をつけて別居親が子に会えないようにしてしまうというケースもあるようです。また、子に会わせるのはいいとしても、元配偶者と連絡を取りたくないとか、子を引き渡すときに元配偶者と顔を合わせたくないという人も少なくないようで、元夫婦間の連絡や引き渡しの仲介を担う「面会交流支援」を行うＮＰＯ法人やボランティア団体も存在します。

面会交流については、近年、日本が「ハーグ条約」の加盟国になったことがニュースになりました。この条約の名称は、１９８０年に最初の国々で署名された場所がオランダの都市ハーグだったことに由来します。日本では「国際的な子の奪取の民事上の側面に関する条約」が正式名称で、２０１４年にこの条約に加わって国内で発効しています。

この条約では、婚姻関係の破綻した夫婦の一方が、他方に無断で子を他の国に連れ去った場合、いったん元の国に子を戻した上で、どちらが子を引き取るのかを決めるというルールを定めています。例えば、日本人の夫とアメリカ人の妻がいて、妻が居住地の日本からアメリカに無断で子を連れて行ってしまった場合、日米両国ともハーグ条約に加盟していますから、条約のルールに従って妻が子をいったん日本に戻さなくてはならないのです。妻がいくら「嫌だ」と言っても、条約加盟国である以上、政府によって強制的に子を日本に戻されることになります。

この条約は、主に国際結婚の夫婦を想定していますが、同じ国の夫婦同士も対象になります。日本でも、条約発効後、日本人同士の夫婦に条約が適用されたケースがありました。このケースでは、日本人の妻が日本人の夫に無断で子を英国に連れ去り、夫が子の返還を求めて英国の裁判所に訴えた結果、裁判所がハーグ条約にもとづいて妻に子を日本に戻すよう命じました。条約加盟国であれば、子を国外に連れ去られた側の親は、居住する国や連れ去られた先の国の政府を通じて子の返還を求めることができ、それでも子が戻されない場合は、相手国の裁判所に返還命令を出すよう求めることができるのです。子が国外に連れ去られたケースでは、外国の裁判所に訴え出る必要が生じますが、条約を締結している以上、我が国の政府も支援体制を整備しています。「理不尽な形で子を連れ去られた」と感じたならば、外務省に協力を求めることができるのです。

ただ、この条約はあくまで「子をいったん元の国に戻して、どちらの親が引き取るのが良いのかを決める」ことを定めているだけです。子をいったん帰国させても、結局その後の裁判などで負けてしまえば、子が再び国外に戻される可能性もあります。

ハーグ条約は主要テーマとして「子の国外への連れ去り問題の解決」について定めていますが、面会交流についてもルールをつくっています。外国に連れ去られた子との面会交流を実現するため、加盟国の政府が当事者を援助する義務を定めているのです。先にも述べたように、元々、日本では面会交流の文化が希薄でしたが、ハーグ条約加盟という新たなステップを踏むことによって、国内での面会交流も諸外国のように一般的になっていく可能性があると思われます。

不倫相手との再婚

W不倫の末に、不倫していた既婚者双方が離婚した場合、このカップルが自身の子を連れて再婚するケースもあります。このように、子連れで再婚した家族は、「ステップファミリー」または「ブレンディッドファミリー」と呼ばれます。ステップファミリーという用語が日本で使われるようになったのはまだ最近のことで、新しい家族関係の構築に悩む親子も多いことから、2000年代に入って支援団体もつくられるようになりました。

時折、ニュースを騒がせる児童虐待の事件の中にステップファミリーのケースがあります。夫が血縁関係のない妻の連れ子を虐待するような事案です。他の男性との間に生まれた子であるが故に、自分の子と同じようには「かわいい」と思えない心情が事件の引き金になるようです。また、ステップファミリーの悩みの多くは、「相手の連れ子のしつけがなっていなくて、イライラする」というような生活習慣の違いが原因となっています。しかし、子に罪はありません。

芸能人のケースでは、女優の榎本加奈子さんが「ハマの大魔神」と呼ばれた元プロ野球選手でメジャーリーグでも活躍した佐々木主浩さんと結婚した後、佐々木さんの連れ子とうまくいかず、連れ子が榎本さんとの確執を週刊誌に暴露したこともありました。配偶者の連れ子だけを育てるならまだしも、実子と連れ子の両方を育てる場合は、どうしても実子をかわいがりたくなるのでしょう。しかも、最初から自分のやり方で子育てができる実子に比べ、既に実母によって育てられてきたいわゆる「継子」については納得がいかないこともあるのかもしれません。こうした子育てを「中途養育」といいますが、専門家はその難しさを指摘し、「最初から実の子として育てようと肩を張らない方がよい。徐々に打ち解けていくことが大事だ」と提言しています。

もちろん、新しい家族として、再婚前よりも居心地の良い家庭を築けることもあるでしょうし、再スタートを切るのですから、連れ子も含めて仲良くやっていけるよう、夫婦が子を傷つけないよう努力すべきでしょう。継子の養育に悩みを抱えるような場合には、自分だけで抱え込まず、支援団体や行政に相談するなど、第三者を頼ることも必要です。

ポイント

- **W不倫はリスク倍増の覚悟が必要**
- **W不倫をするなら、「破綻状態」を裏付ける証拠を残しておく**

Column

ジョン・レノンとオノ・ヨーコ

W不倫の末に結ばれた有名人といえば、ビートルズのジョン・レノンと、オノ・ヨーコの夫婦もそうでした。相互が既婚の状態で交際に入り、双方の離婚後に結婚した二人は、ジョンがバツ1、ヨーコがバツ2でした。

ご存じの方も多いと思いますが、オノ・ヨーコは日本人です。父親は銀行家で母親は財閥出身者という裕福な家庭で育ち、大学生のときに父の赴任先だったアメリカ・ニューヨークに移住。その後、前衛芸術活動を始め、活動拠点を移したロンドンでジョンと出会ったそうです。

ちなみに、二人が結婚したとき、ジョンには前妻との間に当時5歳の息子・ジュリアン・レノンがいました。ビートルズのポール・マッカートニーは、ジョンの不倫で妻との関係が悪化していた時期にジュリアンを励まそうと、「ヘイ・ジュード」をつくったといわれています。皮肉なことに、ジョンの不倫がなければ、この名曲は生まれなかったのです。

一方で、ヨーコにも夫との間に当時6歳の娘がいました。この娘は、不倫をしていた母親ヨーコをよく思っていなかったようで、離婚後は20歳になるまでヨーコと会うことはなかったそうです。一方のジュリアンは父と同様、自身もミュージシャンとして活動するようになります。ジョンとヨーコの間には、ショーン・レノン（日本名・小野太郎）が生まれ、彼も後にミュージシャンになります。ちなみに、ショーンの名付け親は、イギリスの著名ミュージシャン、エルトン・ジョンでした。そしてジョン・レノンは、ショーンが生まれると音楽活動を5年も停止し、「主夫」活動にいそしみました。このため、幼いショーンは、父親が世界を熱狂させたミュージシャンだと知らずに育ち、友達の家でビートルズの楽曲を聴いて初めてジョンの職業を知り、「パパはビートルズだったの？」と尋ねた逸話があります。

ジョンはやがて凶弾に倒れ、40歳で亡くなりますが、このとき、ジュリアンは17歳、ショーンは5歳でした。幼くして父母が離婚したジュリアンと、幼いながらも父親から愛情たっぷりに育てられたショーンとでは、ジョンに対する思いも異なるものがあったでしょう。しかし、この異母兄弟の音楽活動を見る限り、どちらかというと、ジュリアンの方が精力的な活動をしているようにみえます。成育環境で経験した逆境が音楽活動のパワーの源になっているのかもしれません。

CASE 4

リベンジポルノの災禍

恋愛の果てに待っていた最悪の結末

リベンジポルノ。普通の恋愛はもちろん、不倫でも気をつけなければならないリスクがリベンジポルノです。東京都三鷹市に住んでいた女子高生タレントが刺殺され、リベンジポルノの被害を受けたのは2013年でした。元交際相手の男は付き合っていた時期に撮影したとみられる女子高生との性的な動画や女子高生に送らせたとみられる裸の写真をインターネット上の動画サイトにアップロードし、事件を起こして逮捕されるまでの間に不特定多数の人がこのサイトにアクセスできるようURLを投稿したのです。事件が報道され、このサイトに行き着いた人たちによって動画や画像が拡散され、多くの人々の目に晒されることになりました。そして、この事件をきっかけに、「リベンジポルノ」が社会的に認知されるようになり、法整備の必要性が指摘され、翌2014年にいわゆるリベンジポルノ被害防止法が成立しました。

この法律の正式名称は「私事性的画像記録の提供等による被害の防止に関する法律」といいます。個人が特定できる方法で撮影した性的な画像を不特定多数が閲覧できるような状態にすると、3年以下の懲役又は50万円以下の罰金が科されます。また、不特定多数でなくとも、ＬＩＮＥなどの手段で特定の少数者が見られるようにした場合は1年以下の懲役又は30万円以下の罰金が科されます。この法律ができるまでは、児童ポルノ禁止法や刑法のわいせつ物頒布罪、名誉毀損罪などの適用が考えられましたが、児童ポルノ禁止法では被害者が18歳未満に限られ、刑法で立件しようにも元々刑法が想定していた犯罪類型ではなかったため、立件のハードルが高いことがネックとされていました。新しい法律が制定されたことで、明確に刑罰の対象とすることができるようになりました。

法律の対象となる行為は、インターネット上での拡散に限りません。実際に初適用となったケースは、元交際相手の裸などを撮影した写真を商業施設の駐車場にばらまいた事件でした。インターネット上での拡散の初摘発は、元交際相手の女性の裸などの画像をツイッターに掲載し、不特定多数の人が閲覧できるようにした事例でした。また、これまでに摘発されたケースでは、インターネット上の掲示板やＬＩＮＥのグループトーク、フェイスブックに画像を投稿したり、相手の勤務先のメールアドレスに画像を送信したケースや、相手の自宅付近に写真をばらまいたり電柱に張り出したりした事案があります。また、特殊なケースとしては、路上で「モデルにならないか」と声をかけて応じた女性に事務所内で下着に着替えさせ、その様子を盗撮してウェブサイトにアップして販売したという事案もあります。

ちなみに、アメリカではリベンジポルノの画像掲載を促す悪質なウェブサイトを運営していた人物が2015年に有罪判決を受けています。投稿者に性的な画像とともに名前や住所なども載せるよう求め、画像の削除などを求めてきた人に「削除料」として数万円の請求をしていたということです。実に卑劣な事案ですね。

日本でリベンジポルノを規制する法律が制定されるきっかけとなった三鷹事件の裁判は、問題となっている行為に殺人罪が含まれているということもあって裁判員裁判で審理されました。1審では、検察側の求刑・懲役25年に対し、懲役22年の判決。2審は「起訴内容にリベンジポルノに関する罪がないのに、その分も実質的に量刑に反映しているのはおかしい」として差し戻されました。これを受けて遺族が告訴した上で検察が児童ポルノ禁止法違反で追起訴し、1審の審理をやり直すという異例の経過をたどりました。結局、差し戻し後の1審判決は追起訴分を含めた上で、やはり懲役22年としました。遺族は、起訴内容が加わったのに量刑が変わらなかったことに対して不満を抱いたのでしょう。検察側、弁護側のいずれも控訴しましたが、控訴審は1審判決を支持し、双方の控訴を棄却しました。

この三鷹事件から得られる教訓は何でしょうか。きわめて単純です。交際相手に裸の画像や動画を撮らせないこと。これに尽きます。交際中に「記念にしたい」とか「会えないときに見たい」と言われれば、何となく「そうかな」と思ってしまうかもしれません。交際相手に嫌われたくないから仕方なく同意してしまうこともあるようですが、それが大きなリスクとなります。

しかし、不倫相手であれ、夫婦であれ、恋人であれ、いつどんな形で破局を迎えるか分かりません。そのとき、相手側に自分の裸の写真や動画があれば、人質を取られているようなものです。リベンジポルノ被害防止法が成立したことで犯罪抑止効果はあるでしょうが、恋愛関係のもつれから感情的になっている人は、そうした法律の存在があっても犯罪行為に及んでしまうものです。

まずは、撮影させない。そして、仮に撮影されてしまったら、早い段階で確実に削除してもらう。別れ話をするようになった段階では、既に感情のもつれがあるでしょうから、手遅れだといえます。その前に対処しなければなりません。相手が犯罪に走らないまでも、そうした画像や動画を所持させてしまっているという不安は、一生つきまといます。夫婦関係や交際関係が順調なうちに、「そういえば、あの画像（動画）を削除してほしい」と言える勇気が必要です。

リベンジポルノの被害に遭わないためには、交際相手がストーカー化しないような別れ方をすることも重要です。不倫関係であれば「互いに割り切った関係」で終始できればいいのですが、最初はそのつもりでも、感情が募って相手の気持ちを「愛」から「憎」に転じさせてしまうと、取り返しのつかないことになります。ストーカー事件の多くは、予兆があります。交際相手が明らかに精神的に不安定な状態に陥っていると感じたら、既にかなりリスクが高い状態になっていると考えられます。

行政で救えなかった愛憎劇

不倫の事案ではありませんが、2012年に神奈川県逗子市で女性が殺害された「逗子ストーカー事件」が一つの教訓になります。被害女性と加害者の男は事件の6年前に破局を迎えています。つまり、6年にわたってストーカー行為が続いた上で殺人事件が起きているのです。二人が別れる際に加害者の男は納得して別れたわけではなかったようで、交際中から加害者の男はかなり嫉妬深い側面を見せていたとのことです。「電話したけど出なかった」などと、ちょっとしたことに腹を立てるようになり、「死にたい」などと書いたメールが大量に送りつけられ、女性は別れる決心をしたのです。

その後、女性は「心の支えになってくれる人を見つけたから、あなたも違う人を見つけて」と別れを切り出したといいます。もちろん、女性の側に何の落ち度もありませんが、別の男性の存在が加害者の男の嫉妬心をさらに駆り立てた可能性があります。そして、女性はこの「心の支えになってくれる」男性と結婚しましたが、加害者の男からの電話やメールは続き、女性の家族の勤め先にも大量の出前が届くなど嫌がらせがエスカレートしていったのです。加害者の男は既に自分の感情をコントロールできない状態にあったといえます。この後、女性は警察に届け出た上で、市役所にも頼んで居住地が他人に分からないようにするなどの対策を講じましたが、結局、加害者の男が女性の居場所を突き止めて殺害に及びました。

この事件では、警察と市役所の対応の問題点が浮き彫りになりました。加害者の男は殺人事件を起こす前、この女性に対する脅迫容疑で逮捕され、執行猶予付きの有罪判決を受けていましたが、脅迫容疑で逮捕する際、警察が女性の結婚後の姓を読み上げてしまったのです。その後、加害者の男は女性の新しい姓を手がかりにインターネットなどで居場所を探し、逗子市に住んでいることを突き止めた上で、探偵を使って市役所に問い合わせたところ、市の職員があっさりと住所地を教えてしまいました。

この事件を受け、警察は逮捕状を執行する際の読み上げを（実名を言わないなど）慎重に行うよう運用を改め、逗子市役所も二度と安易に個人情報を漏らさないようにしました。警察や市役所のずさんな対応がなければ、女性は殺されずに済んだことでしょう。公的機関が結果的に、加害者の男を手助けしたともいえる、実に理不尽な事件でした。

ストーカー化する不倫相手

この事件からも分かるように、個人情報はどのような形で漏洩《ろうえい》するか分かりません。この加害者の男も女性のフェイスブックなどを逐一見て、女性の新婚生活などを把握していたようです。交際相手がストーカー化しそうになったら、いち早く警察などに相談し、自分の個人情報を漏らさないよう公的機関に念押しした上で、自らもインターネット上で生活の様子や所在地が分からないよう、ＳＮＳなどへの書き込みを避けた方がいいでしょう。

ストーカーを処罰するための「ストーカー規制法」は２０００年に施行されています。この法律は当初、「特定の相手への恋愛・好意の感情」と「それが満たされなかったことによる怨恨の感情」に基づき、

① つきまとったり、待ち伏せたりする
② 面会や交際を強要する
③ 無言電話や何度もファクシミリやメールを送信する

といった行動を「ストーカー行為」と定め、警察が行為者に「警告」し、さらに繰り返される場合は都道府県公安委員会が「禁止命令」を出し、それでもやめない場合は警察が捜査に乗り出すという3段階の対応を定めました。その後、2度の改正を経ています。

法律が制定されているとはいえ、警察が必ず守ってくれるとは限りません。警察に相談する前に、相手の行動がエスカレートする可能性もあります。やはり、自分の身は自分で守ることを考える必要があります。そのために、ストーカーがどのような心理状態に置か

れるのかを理解すべきです。

あるストーカー加害者は、「自分を捨てた相手が苦しむ姿を見ないと、心の痛みが和らがない状態になっていた」と告白しています。このため、ネット上などで別れた相手の幸せそうな様子や笑っている姿を見ると、憎悪をよりエスカレートさせてしまうのです。

従って、
①ストーカー化した相手とは直接接触しない
②SNSなどで自身の幸せそうな画像などをアップロードしない
といった注意も最低限、必要です。

こちらは何も悪くないのに、そこまでしないといけないのか、と思う方もいるでしょう。しかし、多くのストーカー加害者は既に病的な状態になっていて、自分の感情をコントロールしきれません。ストーカー加害者の「治療」には、薬物や性犯罪の常習者と同様の「認知行動療法」が用いられます。これは「やりたくなくてもやってしまう」精神状態に追い込まれた人に「心のゆがみ」を気づかせ、犯罪行為に至らないよう実効的な解決策へと導く治療方法です。ストーカーに至った心理状況は、専門知識を有する医師や臨床心理士ではない元交際相手が治せるものではないと理解すべきです。

リベンジポルノやストーカーはある意味で、元交際相手への「復讐」ですが、「不倫の暴露」という復讐もあることに注意しなければなりません。近年の不倫騒動のうち、上方落語会の大御所・桂文枝師匠と演歌歌手の紫艶さんのケースが思い起こされます。

既婚者の桂師匠と未婚者の紫艶さんのツーショット写真が「フライデー」に掲載された当初、桂師匠や所属する吉本興業は「何人かで行った旅行の写真」で「たまたま二人だけが写った」と不倫を否定していました。しかし、紫艶さんの方が「師匠とは私が18歳のときから交際しています。付き合ってもう20年になります」「私が親密になった男性は生涯、師匠だけ」などと不倫関係を暴露しました。

桂師匠は「娘という感じで応援してきた。10年か12年かくらい会っていなかった」として改めて不倫関係を否定しましたが、当の紫艶さんは「最後に会ったのは2カ月前」と反論し、完全にカミングアウトしてしまいました。そして、フェイスブックに「師匠は今『人間国宝』が欲しい時期にきているので、『20年不倫』を認めるわけにはいかないのでしょう」などと皮肉めいたメッ

セージを掲載しました。

このように芸能人などの著名人の場合は、公に不倫関係を暴露することで十分に復讐の効果が得られます。桂師匠の場合も今回の騒動でイメージダウンは否定できませんし、紫艶さんのメッセージ通り、本来得られるはずだった人間国宝を逃してしまうようなことになれば、さらに大きな損失です。

一方で、一般人の場合はあまり公に暴露されることはないかもしれませんが、配偶者や家族に暴露されるリスクがあります。不倫相手が自宅の住所や家族への連絡先を知っている場合は、より危険だといえます。別れ話をした途端に、復讐の意味も込めてそういった行動に出るケースもあれば、離婚させて一緒になりたいという意図でエスカレートすることもあるでしょう。

こうした状況を防ぐため、不倫相手には自宅の住所や家族の連絡先などを明かさない方が無難です。また、フェイスブックの「友達」やツイッターのフォロワーから家族や友人などのアカウントページにたどり着くことができることもあります。そうしたリスクを回避するため、一切SNSは利用しないか、利用しても親しい人にリンクしないよう「友達」をつくらないなどの安全策を取っておいたほうが間違いありません。リベンジポルノやストーカー、復讐などの惨禍に見舞われないようにするためにも、不倫相手が怪しい行動を取るようになったら、ＳＮＳのアカウントを削除するという対策も必要でしょう。

ポイント

- 裸の写真を撮らせない
- 恋人であれ、夫婦であれ、不倫であれ、破局を迎えるリスクは常にある
- 人は愛するほど憎しみが増す生き物

Column

規制が強まるストーカー

「ストーカー規制法」制定のきっかけは、成立前年の1999年、埼玉県桶川市で女子大学生がストーカー被害に遭った上で殺害された事件でした。当初この法律は、先に例示したケースも含め、八つの行為を「ストーカー行為」と規定しました。

しかし、この法律では、電子メールを連続送信するような行為が罰則対象となっていなかったため、2013年の改正法でこうした行為も禁止事項に加わりました。また、警告や禁止命令を出す権限は元々、被害者の住所地の警察や公安委員会に限られていましたが、13年の改正法で、加害者の住所地や被害を受けた地域にも拡大されました。

そして、2回目の法改正は2016年に行われました。SNS上で「つきまとう」行為が新たな禁止項目とされました。フェイスブックやLINE、ブログなどで執拗にメッセージを送ったり、書き込みをしたりする行為も規制対象になったのです。SNSによるコミュニケーションが大幅に拡大している昨今、時代の流れに応じた法改正といえます。

実際、2016年5月に東京都内でタレント活動をしていた女子大学生が男に刃物で襲われた事件では、この男が女子大学生のツイッター上で執拗に恋愛感情や危害を加えることをほのめかす書き込みをしていました。従来の法律では、明確に被害者を脅迫した場合にしか刑法の脅迫罪で立件することができませんでしたが、被害者が拒んでも執拗にメッセージを送るようなケースが新たな取り締まり対象となったのです。

また、ストーカー規制法におけるストーカー行為は従来、被害者が刑事告訴した場合しか警察が捜査できない「親告罪」でしたが、２０１６年の改正で「非親告罪」となりました。被害者が警察に告訴する手続きを取らなくても、警察が自発的・能動的に捜査に乗り出すことが可能になったのです。

また、警察の「警告」から公安委員会の「禁止命令」にステップアップする段階的な手続きを取っていては、被害者救済が間に合わない可能性があると懸念されてきた点についても、危機が迫っている場合に警察が「緊急禁止命令」を出せるようになりました。ストーカー被害に対する迅速な対応が可能になったといえます。

不倫の場合も、交際相手への思いが募って執拗にＬＩＮＥやツイッターに書き込みをしてしまうと、犯罪になってしまいます。被害者にも加害者にもならないよう、よく法律を知っておく必要があります。

CASE 5

愛の結晶か、火種の実か

不倫相手が妊娠してしまった

不倫相手との逢瀬を楽しめて、誰にもバレないのであれば、これに勝る愉悦はないのかもしれません。しかし、不倫相手との交際がうまくいけばいくほどリスクが高まる問題があります。男性の場合なら不倫相手の、女性の場合なら自身の妊娠です。堕胎という選択肢を取らなければ、「隠し子」になってしまうかもしれません。

ちなみに、隠し子のいる芸能人は少なくありません。大物では、ビートたけしさんが有名です。1991年に、当時、愛人関係にあった女性との間に1歳の隠し子がいることが発覚しました。この女性は、たけしさん率いる「たけし軍団」が講談社の「フライデー」編集部を襲撃して逮捕された事件のきっかけになった人物といわれています。「フライデー」の記者がたけしさんとの親密な関係を問いただそうと、女性に強引な取材をしたことにたけしさんが憤激して事件を起こしたとされています。

この事件を起こしてしばらく芸能界で活動できなかったたけしさんや軍団のメンバーを支援していたのが、やはり大物の志村けんさんだったといわれています。この志村さんにも下積み時代にできた隠し子がいるそうです。

また、業界独自の伝統なのか、歌舞伎界は隠し子の宝庫です。松たか子さんのお兄さんの市川染五郎さんに認知済みの男児がいることが判明していますし、２００３年には市川海老蔵さんと交際していた元女性歌手との間に1歳の女児がいることが発覚しています。また、女優の藤原紀香さんの再婚で話題を呼んだ片岡愛之助さんに約10年前に交際していた女性との間に男児がいることが分かっています。歌舞伎界の男性はもしや避妊をしないのか、と思いたくなるくらいですね。

かつては、政界の大物に隠し子がいたことが判明したことがありました。ロッキード事件で名高い田中角栄（故人）・元首相は、遺産相続の際、4人の隠し子がいることが明らかになったそうです。また、石原慎太郎・元東京都知事（元衆院議員）は、銀座の高級クラブの元ホステスとの間に男児がいると報じられたことがありました。

法律上、隠し子は「婚外子（非嫡出子《ひちゃくしゅつし》）」と呼ばれます。この婚外子を巡っては、近年、最高裁大法廷（15人の裁判官が関与）が画期的な判断を下しています。２０１３年に、「婚外子の法定相続分は嫡出子《ちゃくしゅつし》（法律婚の夫婦の子）の2分の1とする」と定めた民法の規定は違憲であるという判断を下したのです。

最高裁は2000年から2009年にかけ、小法廷（5人の裁判官が関与）レベルで5回にわたってこの問題について合憲判断を示しており、2013年の新しい判断では婚外子に対する社会的な考え方の変化が反映されました。かつて、婚外子は「不倫の子」である以上、当然、嫡出子の方を優遇しなければならないと考えられてきました。家族のあり方として法律婚が重要視されてきたのです。しかし、近年では「生まれてきた子に罪はない」「婚外子差別は憲法が保障する『法の下の平等』に反している」との考え方が強くなり、諸外国も婚外子を差別する扱いを廃止する方向に転じていたことから、最高裁も新たな判断を下したのでした。

この最高裁の判断について、与党・自民党の一部の政治家たちは「正妻の地位が脅かされる」「安心して婚外子（不倫の子）が産めるようになってしまう」と反発しましたが、同年のうちに民法改正が実現しました。100年以上続いてきた「2分の1規定」がなくなり、今では婚外子と非嫡出子《ひちゃくしゅつし》の法定相続分は平等になっています。

このため、被相続人が遺言で相続配分を決めなければ、嫡出子《ちゃくしゅつし》と婚外子は同じ相続の権利を持つことになります。正妻の立場からすると、法律婚の配偶者として夫に尽くしてきたのに、自分の子と夫の愛人の子の権利が平等であるわけですから、納得のできない法改正だといえるかもしれません。しかしながら、「愛人の子であれ、子は平等に扱うべき」という考え方がグローバルスタンダードになっているのです。

ちなみに諸外国では、既に「婚外子」を意味する言葉自体が撤廃されています。用語の存在自体が子を差別しているという考え方に基づきます。しかし、日本の法律にはまだ、婚外子を意味する「嫡出でない子（非嫡出子《ひちゃくしゅつし》）」という用語が残っています。民法には、認知について定めた条文に「嫡出でない子は、その父又は母がこれを認知することができる」とありますし、子の氏について定めた条文には「嫡出でない子は、母の氏を称する」と記載されています。

また、戸籍法は「出生届には、嫡出又は嫡出でない子の別を記載しなければならない」と規定しています。つまり、出生届を出す際に嫡出子《ちゃくしゅつし》か婚外子かを明示しなければならないのです。この法規定について、東京都在住の事実婚の夫婦が「（法定相続分と同様に）違憲だ」として裁判を起こしていましたが、最高裁小法廷は２０１３年（法定相続分の違憲判断を下した直後）、「規定は婚外子を不利に扱うものではない」として合憲と判断しました。

この規定については、法務省が「親の戸籍簿で嫡出子《ちゃくしゅつし》か婚外子かの確認は可能」として出生届の記載欄を削除する法改正の準備を進めましたが、与党・自民党の反対などで法案提出が見送られました。いずれにしても、まだ婚外子を意味する用語がある以上、法律上は、非嫡出子《ひちゃくしゅつし》と婚外子との差別は残っているのが現状です。

不倫相手に子の認知を求められたら

もし、不倫の子（婚外子）ができてしまった場合、次のプロセスとして「認知」の問題が発生します。法律婚の夫婦間にできた子は、当然、戸籍に両親の名前が載りますが、婚外子の場合は父親が認知しない限り、「父」の欄は空欄のままです。つまり、「母」の方しか記載されないことになります。芸能人の隠し子報道では、時折「認知した」「認知していない」が話題になりますが、認知していれば隠し子の戸籍に父親の名前が載っており、認知していなければ空欄になっています。

認知は子が何歳になってからでもできます（子が成人の場合は、本人の承諾が必要になります）ので、不倫相手との間に生まれた子について当初は妻との関係もあって認知できなかったという事情があっても、妻との死別後、妻との間に子もないことから不倫相手との子を認知することも可能ではあります。また、不倫相手の子を認知した後で、妻と離婚（死別）し、不倫相手と結婚した場合、認知された子は自動的に嫡出子《ちゃくしゅつし》の身分を取得することになります。

認知には「任意認知」と「強制認知」の２種類があります。任意認知は、父親が自発的に自分の子と認め、父親の住所地（本籍地でも可）の市町村役場に届け出れば済みます。

また、任意認知は「遺言認知」を含みます。遺言に、

①子の母親の名前

②認知する子の住所、氏名、生年月日、本籍、戸籍の筆頭者

③遺言執行者

を記載すれば、本人の死後に遺言執行者が認知届を出して、手続きを行うことになります。

一方で、「強制認知」は、父親が自発的に認知をしない場合に、子（子が成人に達していなければ法定代理人である母親）が裁判所に訴えることで認知を可能にする仕組みで

す。ただし、ストレートに裁判所に訴えることができるわけではなく、まずは家庭裁判所に「認知調停」を申し立てることになります。調停で両親の双方が合意に至れば（父親が認知に応じてくれれば）解決しますが、合意に至らない場合は改めて子や母親が「認知訴訟」を家庭裁判所に起こすことになります。そして「認知訴訟」の場で父子の血縁関係が証明されれば、家庭裁判所が認知を認める判決を出すことになります。

認知訴訟においては、訴えた側が父親の戸籍謄本を取得する必要があります。そのためには、父親の住所地に本籍地入りの住民票を請求して取得する必要があり、手間はかかりますが、郵送でも取り寄せは可能です。また、裁判では、父親だと訴えられている男性と子のＤＮＡ型が同じかどうかを鑑定しなければならない可能性があります。ＤＮＡ型鑑定の費用は20～40万円かかりますので、そうした負担は覚悟しなければなりませんが、勝訴すれば相手方（父親）に負担してもらうこともできます。父親が協力しない場合は、父親の親類にＤＮＡ型の提供を頼まざるをえない場合もあり、ハードルは高くなります。

最高裁が毎年発表している司法統計で、調停事件で認知の合意に至った件数を見ると、２０１５年の１６０１件に対し、15年前の２０００年は８１０件にとどまっています。事実婚や婚外子の数が増えていることもあるでしょうが、ＤＮＡ型鑑定によって父子関係を否定できなくなったことから、調停段階で合意に至るケースが増えている可能性もあります。

「不倫の子」を父親が認知すると、その子は父親の婚外子になるわけですが、父親には具体的にどのような権利義務が発生することになるのでしょうか。婚外子であれ、親子関係が発生するわけですから、父親には子を扶養する義務が生じますし、子には父親の資産を相続する権利が生じます。

あなたの子は誰の子なのか？

不倫相手との間に子をもうけてしまった男性の立場からすれば、子を認知することはすなわち、成人するまで子が生活していけるよう金銭的な支援をする義務を負ったことを意味します。従って、男性の場合、不倫相手の子が本当に自分の子かどうかの確認はその後の負担を考えても極めて重要です。相手から「あなたの子」と言われても、疑わしいことがあれば、ＤＮＡ型鑑定をして確認する必要があるでしょう。自分の子ではないのに、20歳まで養育費を払い続けるようなことにならないためにも、相手の言うことを鵜呑みにしてはいけません。不倫相手との関係が良好であっても、相手にどのような意図があるかは分かりません。身に覚えがあっても、「念のため」と相手に説明して、慎重に血縁関係を調べるべきでしょう。

逆に妻が不倫している可能性がある夫も、自分と子のＤＮＡ型鑑定を行ったほうがいい場合があります。「似てないなあ」と思いながらも、育ててきた子が自分の子ではなかったとしたらどうでしょう。それでも、育てた子はかわいいと割り切れればいいのですが、普通はとても納得できることではありません。

仮に育ててきた子が自分の子ではないとの確信が生じたら、家庭裁判所に「嫡出否認の訴え」を提起して、親子関係がないことを裁判所に認めてもらう必要があります。この手続きも認知と同様、まずは調停を申し立てて、調停で当事者同士が合意に至らなければ、裁判を起こすことになります。ただし、この嫡出否認の訴えは、「夫が子の出生を知ってから1年以内に提起しなければならない」と民法が定めています。妻に不倫の疑いのある夫は、早めに手を打たないと大きな悔いを残すことになります。

不倫で生まれた子について考える上で、どうしても触れておかなければならない問題があります。女性の再婚禁止期間を巡る近年の動きです。民法には「離婚後３００日以内の子は前夫の子」「再婚から200日経過後の子は現夫（再婚夫）の子」とする規定があります。ただ、この二つの規定が重複した場合にどちらの子とするか分からなくなってしまうため、別の条文で「女性は前の結婚の解消又は取り消しの日から6カ月を経過した後でなければ、再婚できない」と定めていました。

しかし、これらの規定があるため、婚姻中に別の男性との子を身ごもった女性が子の出生届を出さないまま、子が「無戸籍」になるケースがありました。一般論としては「婚姻中に夫以外の男性の子を身ごもること自体が問題だ。子が無戸籍になったのは、母親の無責任な行動のせいで、法律が悪いわけではない」とも考えられますが、同情すべきケースがありました。つまり、夫のＤＶ（家庭内暴力）に耐えかねて家を飛び出し、離婚届を出したくても暴力的な夫と接触すらできないために出すことができず、そうしているうちに新たなパートナーとの間の子を妊娠してしまうケースです。

こうしたケースでも、民法は「離婚後300日以内は

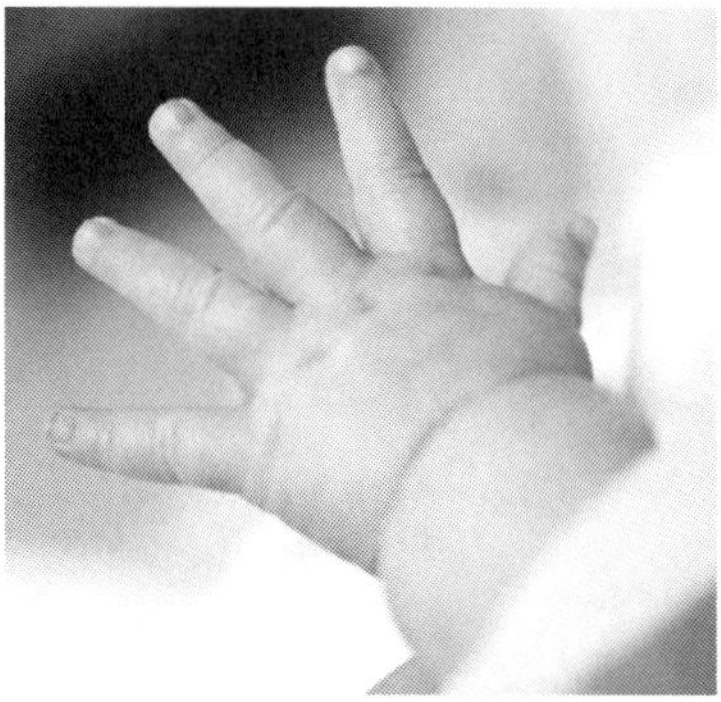

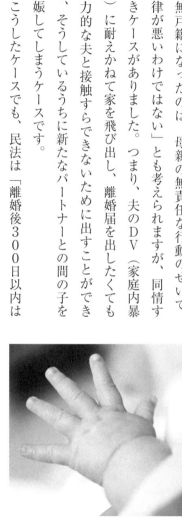

前夫の子」と定めているわけですから、離婚届を出していない状態で子の出生届を出しても、元の暴力夫の子になってしまうわけです。従って、出生届を出せないまま無戸籍の子ができてしまい、無戸籍であるがために子の乳児検診や児童手当を受けられないといった不都合が生じるケースがありました。これら「無戸籍の子」は、法律婚をしたままの女性と、夫以外の男性との間の子になるわけですから、「不倫で生まれた子」になるわけです。

この「無戸籍の子」はマスコミによって社会問題として取り上げられ、2000年代後半には行政が柔軟な対応をすることで無戸籍の子でも公的サービスを受けられるよう改善されてきました。そして、2015年、女性の再婚禁止期間を6カ月とした民法の規定を違憲とする判断が最高裁大法廷で初めて出されました。最高裁が「100日を超えて再婚を禁じるのは過剰な制約」と言及したことから、国会も2016年、女性の再婚禁止期間を「6カ月」から「100日」に短縮する改正民法を成立させたのです。

しかし、女性の再婚禁止期間が短縮しただけでは、「無戸籍の子」の問題は解消されません。再婚禁止期間が短くなっても、暴力夫が怖くて離婚届を出せない妻にとっては、そもそも再婚ができないからです。婚外子の法定相続分の差別規定が解消された今、「不倫の子」でも戸籍を持てるよう、抜本的な法改正が必要だという声も上がっていますが、不倫を助長するとの反対意見も根強いのが現状です。

ポイント

・「不倫の子」はつくらない、つくらせない
・認知した「不倫の子」には、遺産相続の権利が発生する

Column

与謝野晶子と「貞潔」

近代文学史上、歌集『みだれ髪』で名を残した歌人の与謝野晶子は、女性の奔放な性を詠って新たな女性文学の境地を切り開きました。

やは肌のあつき血汐にふれも見で　さびしからずや道を説く君

春みじかし何に不滅の命ぞと　ちからある乳を手にさぐらせぬ

病みませるうなじに細きかひな巻きて　熱にかわける御口を吸はむ

これらの歌は晶子の性に対する奔放な価値観を表しているようにも感じられます。

このような晶子が、不倫の末に既婚者だった文学者・与謝野鉄幹を奪ったことはよく知られています。鉄幹は歌人で、慶應義塾大学の教授にもなった人物です。文芸誌「明星」を創刊し、北原白秋や石川啄木などを見いだした鉄幹は、無名の女流歌人だった晶子の才能も見抜き、『みだれ髪』をプロデュースしています。その後、妻と別れ、不倫関係にあった晶子と結婚するのです。

こうした経歴をみても、晶子は情熱的な恋愛主義者で、不倫にも寛容な人だったという印象を受けますが、実は「女性の貞潔」に固執し続けた人でした。

晶子は雑誌や新聞の記事で「私の貞操観」や「女子と貞操観念」について書いていますが、「処女としての貞操」と「妻としての貞操」を「道徳以上に尊貴である」と言い切っています。

自身が不倫の末に別の女性から男性を奪っている一方で、「妻の貞操」を守ることは極めて大事で、性欲については「野蛮、動物的に醜い」と言い切っているのです。『みだれ髪』に代表される情熱的な歌のイメージと裏腹な印象を受けますが、晶子の奔放さはある特定の男性に対するものだったようです。ちょっと意外ですね。

ちなみに、当時、つまり明治時代は、まだ「一夫一妻」の夫婦関係が一般的でなく、男性が妻以外に「妾」を持つことが普通でした。そうした中で、「一夫一妻こそが文明だ」と主張したのが、「人の上に人をつくらず」で知られる1万円札の人、福沢諭吉でした。そうした諭吉でさえ、当時、ストレートに「一夫一妻制こそが文明だ」といっても、世の中の男性に受け入れられなかったことが分かっていたようです。あえて「男女の人口比は同数なのだから」という理由をつけて一夫一妻制を支持していました。当時としては先進的だった諭吉の主張が、今では世の中の常識です。時代が違えば、常識もまた違うのです。

CASE 6

禁断の果実が招いた修羅場

「自宅不倫」はルール違反の極み

芸能人の不倫で、「修羅場」といえば、元モーニング娘。の矢口真里さんが不倫相手の男性との「現場」を夫で俳優の中村昌也さんに見つかり、結局、離婚に至ったスキャンダルがありました。

不倫現場を配偶者に見つかるのは、最も過酷な修羅場といえるでしょう。矢口さんは、中村さんが自宅に戻った際、とっさに不倫相手をクローゼットに隠れさせたものの、情事を想像させる痕跡があり、すぐにバレたといいます。中村さんは、仕事の予定が変更になって急に自宅に帰ることになったそうですが、さぞ衝撃的な光景を目にしたことでしょう。寝具は乱れ、避妊具やティッシュなどが捨てられていたのかもしれません。

不倫の発覚の中でも「現行犯」は決定的です。結局、矢口さんと中村さんはこの一件から3カ月後に離婚。矢口さんは翌月にレギュラー番組を全て降板し、その後、無期限の活動休止を発表します。

スキャンダルから約1年半後、矢口さんは芸能界に復帰しますが、過去の「事件」がある以上、「夫を裏切った貞操観念のない女性」というイメージはぬぐえません。何とか芸能界でやっていけるにしても、不倫騒動の前ほど仕事もないようですし、二度目の過ちは許されない状況にあるといっていいでしょう。ちょっとした出来心なのか、酔った末の行動なのかは分かりませんが、一夜の軽はずみな行動で順風満帆な芸能人生活と結婚生活を棒に振ってしまいました。

よく似たケースとしては、俳優の大鶴義丹さんと歌手のマルシアさん夫婦のケースがありました。週刊誌が報じた当時の内容では、大鶴さんがマルシアさんの留守中、若い女性を自宅に連れ込んでいたのを帰宅したマルシアさんが目撃し、その日のうちに娘を連れて家を飛び出したそうです。大鶴さん側は「自宅で複数の友人を招いてパーティーをしていたところ、何人かが帰って、たまたまその女性が1人残っていただけ」と反論していて事の真相は明らかではありませんが、矢口さん同様「自宅連れ込み型」のトラブルと思われます。

仮に不倫をするにしても、自宅というのはリスクが高すぎます。

色と欲が招いた不倫事件簿

また、「修羅場」という意味では、不倫関係が殺人事件に発展するケースもあります。最近では、共同研究者で教え子だった大学院生を殺害したとして福井大学大学院の准教授の男性が殺人罪に問われたケースがありました。

准教授は2015年に福井県勝山市で、軽乗用車内で女子大学院生の首を絞めて窒息死させたとして殺人罪で起訴されました。この准教授は既婚者で、赤とんぼの生態研究で知られた有名な学者だったそうです。以前、別の大学で非常勤講師として勤めていたときに女子大学院生と知り合い、不倫関係になったといいます。

初公判では、弁護側が「(不倫交際をしていた) 女子大学院生がたびたび自殺を口にし、被告が何度も思いとどまらせようとしたが、説得しきれず殺してしまった」として、殺人罪ではなく、より罪の軽い嘱託殺人罪に当たると主張。検察側は「女子大学院生が自殺をほのめかしたのは、准教授の関心を引くためだった」として殺人罪が成立すると指摘しました。双方の主張を見る限り、女子大学院生が不安定な精神状態に陥っていたことに間違いはないようです。この事件は、不倫関係によって特に未婚者側が「報われぬ恋」を悲観する心理状態に追い込まれる可能性があることを示唆しています。

また、ときに起きるのが、未婚の不倫相手に「家庭を壊してやる」と脅されたあげくの殺人事件です。２０１４年に京都府で不倫関係にあった女性の首を絞めて殺害し、山林に遺体を埋めたとして殺人と死体遺棄の罪に問われた元京阪電鉄社員の男性の初公判では、検察側が「被告は、女性によって不倫関係を妻や上司に暴露されることを恐れて殺害した」と指摘。弁護側は「被告は、女性に『家庭を壊す』と言われたため、精神的に追い詰められ、疲れ果てて殺害に及んでしまった」と主張しました。

検察側と弁護側の主張は異なりますが、女性が男性に「家庭を壊す」と迫っていたことは事実のようです。そうなってしまったきっかけが、別れ話のもつれなのか、女性の側の一方的な激情なのかは分かりませんが、男は「家庭や仕事を失うかもしれない」と追い込まれたのでしょう。不倫が殺人事件につながる典型的なパターンの

一つといえます。

また、不倫をしていた妻が夫を殺害するという悲惨な事件もありました。2010年に香川県さぬき市で30代の夫が、妻や不倫相手の男らに殺害された事件です。この事件では、妻と不倫相手が、自殺に見せかけて殺そうと計画し、夫を睡眠薬で眠らせて車の中に放置。車内に塩素ガスを発生させ、苦しくなって逃げ出そうとしたところを金属バットなどで殴った上に車の中に押し戻し、火を放って殺害したとして逮捕されました。非常に残忍です。

妻は捜査機関の取り調べに「不倫関係が夫にバレて離婚を持ち出したが否定され、夫から『おまえら（不倫相手も含め）根絶やしにしてやる』と言われたために（不倫相手と）相談して殺害を決意した」と供述したそうです。本当に「根絶やしに」と言われたとしたら、身の危険を感じて先に夫を殺害しようと考えたのかもしれません。結局、この妻は公判が始まった後に拘置所で自殺しています。妻に不倫されて殺害された夫と、夫を殺害して自殺した妻。何とも不幸な夫婦生活の終着点としかいいようがありません。また、生き残った不倫相手の男性も1審で懲役20年の実刑判決を受けています。この男性も不倫交際のために自身の人生を台無しにしてしまったわけです。

　このように、不倫は場合によっては、究極の修羅場を生み出します。刑事事件の加害者や被害者になりたくないのなら、不倫をしなければよいのですが、既にしてしまっている人は不倫相手や配偶者、そして自身の精神状態に注意が必要です。殺人に至るような心理になるのは既に正常な精神状態ではありません。不倫は配偶者を裏切り、不倫相手もいつかは裏切ることになります。裏切られた人の気持ちは平穏ではいられません。裏切った側も罪悪感やストレスを抱えます。不倫相手や配偶者、自身が病んでしまわないような対処が必要です。

　不倫によって命を奪われてしまっては（また、命を奪ってしまっては）元も子もありませんが、不倫が原因で地位や仕事を失ってしまうリスクも、もちろんあります。不倫を報じられた芸能人は多くの場合、仕事を失ったり、テレビなどでの露出度が減ったりしています。

払拭できない不倫のマイナスイメージ

　著書『五体不満足』で一世を風靡《ふうび》してタレントとしても活躍するようになり、公的にも東京都の教育委員を務めるなどした乙武洋匡さんは典型的なケースでしょう。先天的に四肢がない障害を持ちながら、堂々と前向きに生きていた乙武さんの姿は、世の中に勇気と感動を与えていたと思います。しかし、2016年夏の参院選への出馬が取りざたされていた最中、5人の女性との不倫関係が週刊誌によって暴露されました。結局、乙武さんは参院選への立候補を断念。自身のサイトで妻とともに謝罪したものの、結果的に協議離婚が成立。その後は表舞台に出てこなくなってしまいました。

政治家でも、不倫が原因で一気に存在感を失ったケースが過去にありました。自由民主党所属の船田元《はじめ》・衆院議員です。船田議員は、2016年の夏の甲子園で優勝した作新学院（栃木）の創立者の家に生まれました。慶應義塾大学を卒業後、1979年に祖父の地盤を継いで衆院選に立候補し、25歳という史上最年少の若さで初当選を果たしたサラブレッドでした。1992年には経済企画庁長官に任命され、これまた戦後最年少の39歳1カ月で初入閣し、まさに順風満帆の政治家人生を歩んでいました。

しかし、既婚者だった船田議員に、元NHKアナウンサーで参院議員だった畑恵さんとの不倫関係が浮上。結局、妻と別れて畑さんと再婚しますが、「将来の総理候補」といわれるほどの人気と評判は急落。再婚後の最初の衆院選で落選の憂き目に遭ってしまいました。その3年後の衆院選では、何とか当選して国政復帰を果たしますが、既に「時のひと」ではなくなり、総理の道も途絶えてしまったといわれています。

また、財務大臣や農林水産大臣を務めた故・中川昭一さんの「弔い合戦」と称して2012年の衆院選に初出馬し、当選を果たした妻の中川郁子・衆院議員も不倫騒動でめっきり存在感を失いました。「清楚な未亡人」のイメージだった中川議員でしたが、2015年に同僚議員との路上キスを週刊誌に暴露されてしまったのです。「故・昭一氏の妻だから応援した」という地元（北海道）の支援者も少なくない中、亡夫ばかりか、支援者をも裏切る行為でした。2014年に農林水産大臣政務官にも就任していましたが、不倫騒動後に退任し、以後、要職を得ていません。また、不倫騒動後は、「抑うつ状態」で入院した病院内で院内のルールに反して病室でタバコを吸っていたことも明らかになり、さらにイメージを悪くしてしまいました。元々、夫の存在感と未亡人のイメージが個性だっただけに、政界での再浮上は難しそうです。

同じ政治家に関わる不倫の話題では、岡山市の私立学校の元教諭が、地元選出の姫井由美子・元参院議員との不倫関係を理由に2007年に解雇され、裁判沙汰になったことがありました。元教諭は解雇無効を求めて裁判所に提訴し、1審は無効と判断されたものの、2審は「思春期の生徒の指導に当たる教職員が有夫の女性と性的関係を持つことは、社会的に評価できない。不倫関係で学校の社会的評価を低下させかねず、教職員の適格性判断に影響する」と指摘し、1審判決を変更して解雇は有効としました。裁判の中で国会議員の不倫が認定され、ニュースになりました。

また、地方議員の不倫がニュースになったケースもあります。2015年に宮崎市議会の議員が、同じ市の男性職員の妻と不倫していたとして、男性から損害賠償請求訴訟を起こされたのです。市議は「一身上の都合」を理由に議員を辞職。宮崎地裁は2016年、「被告は市議として道徳的にも市民の模範たるべき人間で、自らも婚姻していることなどから被告の（不倫）行為の違法性は強い」などと指摘し、不倫相手の夫に220万円を賠償するよう命じました。不倫はもちろん私的な行為ですが、判決は政治家であるということを理由に「違法性が強い」としています。いくら私的な不倫関係でも、著名人であるがゆえにニュースに取り上げられれば、世間に対して隠し通すこともできません。そうした意味で、芸能人や政治家の不倫は、芸能人生命や政治生命をかけた「修羅場」に発展するものといえます。

「不倫」が社会に与えるマイナスイメージは大きいのです。

ポイント

・「自宅不倫」はリスクが最大
・不倫を「していた人」のイメージは存外、悪いと心得よ

Column

「痴人の愛」と不倫

不倫を描いた日本文学というと、谷崎潤一郎の小説『痴人の愛』が名著として知られています。この作品では、夫の側が妻の不倫に懊悩する物語が描かれています。不倫は男がするもの、というイメージがまだ主流だった大正時代において、こうした作品が世に出たのは、まさに不倫文学の新たな萌芽《ほうが》だったといえるかもしれません。

主人公の「河合譲治」は28歳のときに15歳の「ナオミ」と出会います。譲治は周囲から「君子《くんし》」と呼ばれるほど模範的なサラリーマンでした。そんな彼が出会ったのが、浅草のカフェで働いていたナオミでした。貧しかったナオミに譲治は「友達のように暮らそう」と誘い、二人で暮らし始めます。そして、ついに夫婦となるのですが、自身の留守中にナオミが複数の男性と交際していることを知るのです。

譲治は「此の女は、既に清廉潔白ではない」と不貞をとがめてナオミを追い出すのですが、「どうしてこんな不貞な、汚れた女に未練を残しているかと云ふと、全く彼女の肉体の魅力、ただそれだけに引きずられ」、再び妻として迎え入れたのです。そして「昼間は兎に角、夜の場合になってくると私はいつも彼女に負けました。私が負けたと云ふよりは、私の中にある獣性が彼女に征服されました」とナオミに支配されるに至った心情を吐露《とろ》しています。

この作品は、男性が妻に不倫をされながらも、その性的な魅力にとりつかれ、振り回されるストーリーを描いています。若く官能的な妻を持つ男性の嫉妬心があらわに描かれていて、男性の立場からすると切なささえ感じます。しかも、いったん追い出したナオミとの夫婦関係を取り戻したにもかかわらず、譲治はナオミに「夫婦と云っても、堅ッ苦しい夫婦はイヤよ、でないとあたし、また逃げ出すわよ」と宣言されてしまいます。ここで、すっかり「征服」された譲治は、「うん」と認めてしまいます。つまり、妻を取り戻したとはいえ、その後も「不倫はやめられない」と通告されたようなものです。一方の譲治は、奔放な妻に対して「貞操」であり続けるのです。

ナオミのモデルは谷崎の妻の妹で、谷崎は実際に求婚して断られています。妻以外の女性の魅力に屈して不倫に走ってしまう男性がいる一方で、妻の魅力に屈して不倫を許してしまう男性もいるのです。発表当時『痴人の愛』は、小悪魔的で奔放な女性を意味する「ナオミズム」という言葉を生み出しています。「魔性の女」は不倫相手にしろ、妻にしろ、男を翻弄するようで、男性にとっての禁断の果実といえます。

第2章

人には聞けない不倫のリスクマネジメント

RISK 1

職業と地位に比例する危険度

不倫が最もダメージとなる職業

第1章では主に著名人の不倫について触れましたが、一般の人たちで不倫のリスクが最も高い職業は公務員です。公金、つまり税金から給料をもらって市民のために働いている以上、私生活のことであっても、不法行為となるような行動は信頼を損ねるとして許されません。不倫自体が、懲戒処分などの対象になってしまいます。

まずは学校教諭の例を紹介しましょう。２０１６年、北海道教育委員会が、教え子の保護者と不倫関係にあった小学校の40代の男性教諭を減給1カ月（給料の10分の1）の懲戒処分としたケースがありました。２０１３年には、千葉市教育委員会が、同じく児童の保護者と不倫関係になった50代の小学校長の男性を戒告の懲戒処分としました。別の小学校で教頭をしていたときに知り合った女性と不倫関係になり、勤務中にも女性とメールのやりとりをしていたようです。女性の夫から同市教育委員会に投書があって発覚したということですから、交際相手だった女性の家庭内でバレてしまったのでしょう。懲戒処分には、免職・停職・減給・戒告の４種類があります。懲戒ではない「訓告《くんこく》」などと違い、戒告も懲戒である以上、十分に重い処分です。結局、この小学校長の男性は退職願を出して受理されています。定年まであと少しという年齢だったようで、周囲の人たちからは「晩節を汚した」とうわさになったに違いありません。

宮崎県教育委員会が、２００６年に懲戒免職処分とした公立学校の30代の教諭の処分理由は「教え子の母親と不倫し、子に精神的な苦痛を与えた」というものでした。同県教育委員会は「学校の種別」（小学校、中学校、高校などの別）を公表しませんでした。学校が特定されることによる生徒への影響に配慮したものと思われますが、この非公表理由から、子が母親の不倫を知ってしまったであろうと推測されます。その重大な結果が、免職という重い処分につながったのでしょう。

学校の教諭同士の不倫もあります。２０１２年に大阪府教育委員会は、不倫関係にあった20代の小学校の既婚の男性教諭と、同じく20代の既婚の女性教諭をいずれも停職３カ月の懲戒処分としました。停職は免職と違って職を奪われるわけではありませんが、二人はこの処分を受けた日に依願退職しています。二人が同時に３カ月も学校を休めば、周囲の教職員や児童も不審に思うでしょうし、うわさも広がるでしょう。事実上、辞めざるをえなかったのだと思います。ちなみに、この二人は勤務先の学校内で性行為に及んでいたといいますから、大胆極まりありません。女性教諭の夫が不倫関係に気づいて同府教育委員会に相談して発覚したそうで、校内での性行為が生徒に見つかったわけではなかったのが、せめてもの救いでしょう。

次に警察官のケースです。2016年、熊本県警は、勤務中に捜査車両を使って不倫相手に会っていた県警本部勤務の既婚の40代男性を減給6カ月（給料の10分の1）の懲戒処分にしたと発表しました。県警が把握できただけで、2012年以降の約4年間にわたり、勤務中に6回も不倫相手の女性の家を訪問し、うち3回は捜査車両を使っていたということです。男性警察官が女性に別れ話を持ちかけたところ、女性に「（男性の）職場に相談する」と脅されたため、自ら上司に相談して発覚したそうです。単に不倫をしていただけでなく、「勤務中に会っていた」「捜査車両を使って会いに行っていた」ことが処分を重くしたようです。

長崎県警では、2016年、一般女性と12年間にわたって不倫をしていたとして、既婚の50代の男性警察官が「本部長訓戒」の処分を受けました。本部長とは、県警のトップですから、警察庁の長官が全国の警察官の「社長」と考えるなら、「支社長」からお叱りを受けたことになります。４種類の懲戒処分という重いレベルでなくても、キャリア上は十分なマイナスです。ちなみにこのケースも、相手の女性から「（職場に）関係をバラす」と言われ、自ら上司に申告しています。

欲望に翻弄された男の愚かな事件

少々特殊な事案ではありますが、２０１５年には、埼玉県警の男性警察官が「不倫相手との生活費を工面するために金が必要だった」（供述内容）という理由で、強盗殺人事件を起こしたことがありました。殺害した相手は、以前、「変死事案」で訪れたことのある家の住人男性でした。自分の家庭を持ちながら、不倫相手ともうまくやっていこうとするなら、当然、経済力が必要になります。警察官の給料は決して安くないと聞きますが、この男性警察官は31歳で階級もまだ巡査部長でした。妻との間に子も二人いたようですから、不倫相手の生活費を工面できるほどの経済的余裕はなかったと思われます。

「殺人」に至らないまでも、不倫相手の女性との交際費に捜査費を流用したとして摘発された男性警察官もいました。２０１３年に石川県警が本部勤務の50代の男性を業務上横領の被疑事実で金沢地検に書類送検した事案です。この男性は送致と同時に停職６カ月の懲戒処分も受け、同じ日に自主退職しています。捜査費とは、警察官が事件の捜査で使うことを許される費用ですが、もちろん元は税金です。同県警は、男性警察官が約５年間にわたって女性と不倫を続け、判明しただけで６回のデートで捜査費計約１万円を流用したとしています。６回会って１万円ということは、１回当たりせいぜい２０００円弱しか使っていないわけですが、犯罪を摘発すべき警察官が業務上横領という罪を犯し、その理由が不倫であったということで、重い処分は免れえませんでした。

また、殺人や業務上横領のような犯罪でなくとも、警察官である以上してはならない行為をしてしまったという不倫絡みの事案もあります。２０１２年、滋賀県警は、本部所属の30代の男性警察官を減給１カ月（給料の10分の１）の懲戒処分にしたと発表しました。理由は「捜査中の被疑者の個人情報を不倫相手の女性に漏らした」というものです。不倫相手の女性を信用してうっかり捜査情報を漏らしてしまったのでしょうが、男性警察官はこの処分を受けて依願退職しています。公務員には守秘義務がありますから、これもやむをえない処分なのでしょう。

警察が有する捜査情報はもちろん漏らしてはならない秘密ですが、もっとスケールの大きい「国家機密」になるとレベルが違ってきます。日本の出来事ではありませんが、アメリカの司法省は２０１５年、不倫相手に機密情報を漏洩したとされたアメリカ中央情報局（ＣＩＡ）前長官の男性が「機密情報を含む文書を権限なく持ち出し、保管した罪」を認め、司法取引に応じたと発表しました。前長官は既婚の女性ジャーナリストとの不倫が発覚して辞任しており、不倫相手の女性のパソコンに機密情報が残されていたことが分かったため、アメリカ連邦捜査局（ＦＢＩ）が捜査に乗り出していました。この機密情報の中には、オバマ大統領との会談内容などが含まれていたといいます。不倫相手にはつい気を許してしまうのでしょうが、国家機密レベルになると、国の一大事に結びつきかねません。そうした情報を扱う人の不倫は、個人レベルとは比べ物にならないほどの極めて高いリスクをはらみます。

同じアメリカでは、クリントン元大統領のホワイトハウス実習生との不倫騒動もありました。当初は不倫を否定し続けていたクリントン元大統領ですが、２００４年に発売した回顧録に妻のヒラリー氏に不倫の事実を告白した様子などを記載し、約１年間にわたって夫婦でカウンセリングを受けていたとも吐露しました。「一国の大統領」でもやはり不倫をしてしまうのだな、と思わせる衝撃的なエピソードでしたが、国のトップの不倫は国民にとっては何ともやるせない話です。

日本でもかつて「一国の総理大臣」の不倫に関するスキャンダルがありました。１９８９年、当時の宇野宗佑首相（既婚者）が芸者に愛人（不倫）関係を持ちかけたと週刊誌が報じました。宇野首相は、この翌月の参院選で所属する自民党が惨敗した責任を取って退陣し、スキャンダルが原因で在任期間わずか70日足らずの短命首相となってしまいました。首相在任中に開かれたＧ７サミットでは、スキャンダルのことを知った当時の英国のサッチャー首相が宇野首相との握手を拒否したとも報じられました。ここまで来ると、日本の恥にもなりえますから、総理大臣になるような人の不倫は国益を損なうといってもいいレベルですね。

経営者が注意すべき恋愛スキャンダル

公務員でなくとも、企業の経営者や役員・幹部クラスは不倫に注意すべきです。「進研ゼミ」や「こどもちゃれんじ」などの学習・教育サービスで知られるベネッセコーポレーションの森本昌義・元社長が週刊誌に不倫疑惑を報じられたことがありました。記事のタイトルは「部下の妻を『愛人』『社長室長』にした『進研ゼミ』社長」。同誌には、当時60代の森本元社長が、社長室所属の40代女性と白昼堂々キスをしている写真が掲載されました。この女性の夫も同社の幹部だったとされ、森本元社長は結局、辞任に追い込まれました。森本元社長は、同社の創業者一族以外から初めて社長に就任した上で辣腕《らつわん》を振るい、会社の業績をV字回復させるなど、極めて有能な社長だったようです。しかし、有名企業の社長であるがゆえに不倫をすっぱ抜かれ、その地位を失うことになってしまいました。「仕事で結果を残しているからいいじゃないか」との理屈は通用しなかったのです。

企業トップの不倫騒ぎといえば、他にも2008年に写真週刊誌がスクープした、みずほコーポレート銀行の斎藤宏・元頭取のスキャンダルがありました。テレビ東京の女性記者と路上でキスをしている写真を掲載されてしまったのですが、斎藤元頭取は当時、テレビ東京の社外監査役も務めており、「不倫相手の所属する会社の監査を公正にできるのか」と批判を浴びました。

なお、この不倫騒動は会社内部からのリークが発端であったとされています。というのも、みずほコーポレート銀行は、旧日本興業銀行、旧富士銀行、旧第一勧業銀行の3行が合併して誕生しており、元々、出身行派閥の間で勢力争いが絶えなかったというのです。このため、旧日本興業銀行出身の斎藤元頭取が別の銀行出身者に刺されたともうわさされました。

このように、経営者や役員・幹部クラスが気をつけないといけないのは、メディアだけではありません。もっと身近な社内の人間に対しても注意が必要なのです。信用している部下であっても、内心どう考えているかは分かりません。不倫相手と会うのに会社の車を使ったり、秘書や部下を同伴させたりしていると、社員にバレる可能性が高いため、まず避けるべきでしょう。どうしても不倫をしたいなら、せめて公私を分けるべきです。

斎藤元頭取のスキャンダルに続くようにして不倫疑惑が浮かんだのが、ＴＢＳの井上弘・元社長でした。疑惑をスクープした週刊誌によると、不倫相手とされたのは40代とみられる既婚女性でした。井上元社長は妻と暮らしている自宅以外に別宅を持っており、その女性を別宅に招き入れていたと報じられ、仲良く手をつないで街を歩く写真が掲載されました。当時68歳の井上元社長は、週刊誌の取材に「(女性とは) 何もしていませんよ。そんなに性豪でもない。特にお酒を飲んだら絶対、不可能です」とはぐらかすような釈明をしています。井上元社長の場合、「キス写真」のような決定的な証拠はなかったことや、社内の政治力が大きかったこともあってか、この翌年に無事、同社の会長に就任していま す。教育関連や金融機関といった堅い業種ではなかったことにも、あるいは救われたのかもしれません。しかし、トップのスキャンダルは企業のイメージを損ねます。自身が率いる社員にも大きな迷惑をかけることを、自覚しておくべきでしょう。

もちろん、経営者や役員・幹部クラスは、大きな責任感やプレッシャーを背負うことになるため、ストレスもたまるのでしょう。そのストレス解消を異性や結婚と異なるかたちの恋愛に求める人もいるのかもしれません。高収入で経済的な余裕があるために、高級クラブや飛行機のファーストクラスなどで魅力的な女性と知り合う機会も多く、恋愛に発展しやすい環境が整っているともいえます。

それだけに自制心が求められますし、不倫に至ってしまった場合も、会社を大事に至らせないよう細心の注意が必要です。

ポイント

・公務員の不倫は懲戒免職もありえる
・経営者は不倫に発展する環境もあるが、バレたときのダメージが大きい

Column

貞操の古今東西

「貞操帯」という言葉を聞いたことがあるでしょうか。妻や恋人が他の男性と浮気や不倫をしないよう、女性の陰部に装着する器具のことです。ルーツは、中世のヨーロッパであるといわれます。十字軍の兵士が遠征従軍中、妻や恋人が不貞を働かないよう生み出したものだとされますが、他の男性からの性的暴行を防ぐ目的があったとの説もあります。「不倫防止のため」というなら、女性を信用しない男性の一方的な押しつけですが、「性的暴行防止のため」といえば、女性保護が名目ですから、女性にとって全く正反対の意味を持つことになります。一方で、今に残る古い時代の貞操帯には、排泄用の穴があることから、女性が排泄する姿をみて性的興奮を覚える好事家（いわゆるマニアですね）が製作した器具だという説もあります。実際のところはよく分かっていないのですが、はるか昔からそうした器具が製作されていたこと自体が驚きです。

もっとも現代では、もっぱらSMなどの性的なプレイに使用されているようで、不倫防止とは全く縁のない器具になっています。しかも、女性用ばかりでなく、男性用の器具も開発されているようで、「遊び」ならまだしも、一つ間違えたら拷問器具のような様相を呈します。

実際に、貞操帯はＳＭどころか拷問器具だったのではないかとの説もあります。西洋の博物館では、刑罰用の器具として保管されているところもあるようですから、不貞を働いた人に対してペナルティーとして装着していたのかもしれません。

ちなみに、「不貞」に対する刑罰として、今でも集団レイプが行われていることがニュースになることがあります。２０１４年には、インド東部の西ベンガルで20歳の未婚女性に対し、村の長老が集団レイプによる制裁を命じたとの報道がありました。

未婚でありながら、別の村の男性と密会して性行為に及んだことが「不貞」に当たるということのようですが、その制裁が集団レイプという文化は、全く理解ができません。この村のルールでは、未婚女性が別の村の男性と関係を持った場合、罰金を支払わされるという独特のルールがあったようですが、貧しい家庭に育ったこの女性は、支払うことができなかったようです。そのための罰として集団レイプされたようで、地元警察が「村の掟でも現代では犯罪」としてレイプした男たちを逮捕したようです。既婚者が不倫しても刑罰などない日本では考えも及びませんが、人権を無視した古い性的風習が残る国もあるのです。

RISK 2

不倫をしていなくても、巻き込まれるリスク

実は誰にでも降りかかる不倫のリスク

この項のタイトルに「えっ？」と思われた方もいるかもしれません。しかし、自身が不倫に無関係でも、知っておきたいリスクがあります。かつては「オレオレ詐欺」と呼ばれ、近年は「振り込め詐欺」や「手渡し詐欺」などと呼ばれる詐欺で、実は不倫にまつわる手口が後を絶たないのです。

だまされる人の多くは、成人の息子がいる母親です。ある日、息子を名乗る男から電話があり「不倫相手を妊娠させてしまったので、中絶費用がいる」と相談されます。「声が違うかな」と思っても、「風邪をひいた」と言われて信じ込んでしまうケースが多いといいます。また、この「妊娠」パターンと同様に頻発しているのが「不倫相手の女性の夫に関係がバレ、示談金がいる」とだます手口です。狡猾なのは、電話口に出た母親に対し「父さんには内緒でね。恥ずかしいことだから」と告げ、口止めしてしまう手法です。母

親は「確かに不倫だなんてお父さん（夫）には言えない」と考え、秘密裏に事を運んでしまいます。

夫に相談できないとなれば、当然、他の親しい人にも相談はできません。身内の恥を晒すことになるからです。そして、誰にも相談できないまま、息子を助けたい一心で多額のお金を指定された口座に振り込んだり、知らない人に渡したりしてしまうのです。

父親が一家の金銭管理をしている家庭であれば、母親が詐欺電話を受けたとしても高額なお金を用意できるものではありませんが、母親が金銭管理をしている家庭であれば、父親に相談なくまとまったお金を用意できてしまいます。詐欺グループはこうした事情を考慮して、父親がまだ仕事で外におり、母親が一人で家にいる可能性の高い時間帯に電話をしてくるようです。また、銀行の窓口が閉まる数時間前に電話をかけ「早くしないと銀行の窓口が閉まってしまう」と、被害者側に時間的な余裕を与えない方法をとることもあります。

こうした「不倫」をキーワードにした詐欺事件は、２０００年代の後半から横行し続けています。つまり、既に約10年間も、同じような手口でだまされる人が絶えないのです。なぜだまされる人が増え続けているのでしょうか。それは、手口が巧妙化しているからです。

まず、なぜ息子だと信じ込んでしまうのかという点ですが、かつての「母さん、おれおれ」ではなく、実際に息子の実名を名乗って電話がかかってくるケースが増えてきているのです。「おれ」と言われて、「誰？」と聞いて言葉に詰まれば、怪しいと思うでしょうが、「おれだよ、太郎だよ」と息子の名前をずばり告げられると、多少声が違っても何となく信じてしまうのです。では、なぜ詐欺グループが「息子の実名」を知りうるのか。それは、犯罪グループの間で「名簿」が出回っているからです。

捜査機関が詐欺グループのアジトから時折押収するのが、学校の卒業アルバムや同窓会名簿です。これらは通常、学校の卒業者が大切な思い出として保管しておくものと思われがちですが、人によっては不要な場合もあるのでしょう。売ってしまえば、いくらかのお金になるということで、売却してしまう人もいるのです。そうした卒業アルバムや同窓会名簿が闇のルートで転売され、詐欺グループへと渡っているのです。

卒業アルバムや同窓会名簿は、記載されている人の卒業年が分かりますから、その人が成人しているかどうか、不倫をするような年代（一概にはいえませんが、あまりに若かったり、高齢だったりすると、不倫をしている可能性は低いといえます）なのかを想定できます。そして、詐欺グループは、不倫適齢年代のアルバムや名簿を利用して詐欺電話をかけるのです。実際、詐欺グループが、同じ学校の同じ年の卒業生に立て続けに電話していた事件も起きています。

例えば、２０１３年に鳥取西高校の卒業生がいる家庭ばかりを狙った不審電話が相次ぎ、鳥取県警が注意を呼びかけたケースがありました。この事案では、１９８７年3月に卒業したＯＢの家に電話が相次いでかかったということでした。この卒業生の親の世代はだいたい70代ぐらいで、それなりの蓄えのある人もいたのでしょう。実際にこの事件では、70代の父親が「不倫相手を妊娠させ、慰謝料が必要になった」と救いを求めてきた「息子」からの電話を信じ、２００万円を送金してしまいました。この「息子」は電話口で「風邪をひいてのどが痛い」などと告げ、声が違うことをごまかしていました。また、偽の息子であることが発覚しないよう「仕事で使っている電話」の番号を伝え、日頃の親子の連絡手段となっている私用携帯にかけないように伏線も張っていました。もちろん、父親が「本当に息子だろうか」と疑問に思うか、「念のため私用携帯に電話してみよう」と冷静になれば、だまされずに済んだのでしょうが、「息子の一大事」だと焦ってしまったのでしょう。結局、多額の現金をだまし取られてしまいました。

近年は、こうした詐欺電話の手口が多様化しているため、警察は「特殊詐欺」という総称を用いるようになりました。その中でも、不倫トラブルをかたるケースはかなりの割合を占めています。例えば、大阪府警は２０１６年、１月から６月に把握した特殊詐欺の被害が６７３件、被害総額は約26億４５００万円に上ったと発表しました。中でも家族になりすまして電話をし、金銭をだまし取る手口の被害は２０６件、被害総額は約６億７８００万円となり、「不倫相手を妊娠させたので、中絶費用が必要」とだましたケースはその約半数に達していました。

風俗は不倫になるのか？

他にも「不倫はしていない」のに、注意が必要なケースがあります。特殊詐欺とは毛色がずいぶん違いますが、いわゆる「風俗通い」のパターンです。特に男性の場合ですが、「不倫するよりましだろう」と風俗に通う人もいます。お金を払っているから、不倫にならないはず。単に性欲を満たすことが目的だから、不倫にならないはず。そんな理屈をこねて風俗に通う男性は、結構いるのではないでしょうか。

しかし、妻の立場からすると、夫が風俗業の女性を相手にしていたとしても、性行為をしていれば立派な不倫です。このため、風俗業の女性との性的関係は、素人女性（この場合、風俗業の女性ではないという意味であえて使います。差別的な意味合いはありません）との不倫と同様、一回限りの性行為であれば、夫に対する慰謝料請求が認められる可能性は低いですが、繰り返していれば、認められる可能性が高くなります。相手が風俗業の女性であれ、素人女性であれ、妻が継続的な性的関係を知れば、精神的な苦痛を負うことに違いはないからです。

一方で、妻が風俗業の女性に慰謝料を請求しても、認められないこともあります。夫がその女性に「自分は既婚者だ」と明かしていないこともままあるでしょうし、仮に明かしていてもメールの文面などの物的証拠がなければ、女性の側は「客の男性が既婚者だとは知らなかった」と言い張れてしまうからです。また、女性の側は、性行為を「あくまで職務上の行為」と主張することができます。そうすると、不貞行為の前提である「（自ら望んでの）自由意思での行為」に該当しなくなり、慰謝料請求が認められないか、大きく減額される可能性が高くなるのです。

ただし、風俗業の女性であっても、店を介さずに直接会うような関係に発展していれば、「職務上の行為」を超えることになります。店を介していたときから引き続き、お金を払い続けていたとしても、お小遣いを渡している愛人関係と同じことになるのです。つまり、「店を介さないで会うようになった風俗業の女性」は「通常の不倫」と何ら変わりありません。

「不倫よりましだから」と始めた風俗通いが、結局「不倫」に至ってしまう可能性もあります。「風俗通い」は、不倫予備軍だと認識しておくべきです。そして、風俗業の女性でも、本気になって「奥さんと別れてほしい」と言い始めれば、修羅場に追い込まれる場合もあるでしょう。風俗通いを「ただの遊び」にしたいなら、あまり深入りしないことが肝《かん》要《よう》です。

18歳未満の相手との性行為は犯罪になる

出会い系アプリが多様化している今日、援助交際の罠にも気をつけなければなりません。お小遣いを渡して性的な行為をすることも、立派な不倫です。さらに、相手が18歳未満の児童ならば、児童買春・ポルノ禁止法違反に問われます。ちなみに、お金の授受なく

18歳未満の児童と性行為をした場合でも、各都道府県の青少年健全育成条例違反に問われる可能性があります。児童買春・ポルノ禁止法違反よりも罰則は軽いですが、互いに恋愛感情があっても18歳未満の児童との性行為はアウトなのです。18歳以上の異性との不倫は通常、民事裁判での解決で済みますが、相手が18歳未満だと被疑者として刑事裁判で裁かれることになりかねないのです。

２０１２年には、ＡＫＢ48のリーダーも務めた高橋みなみさんの母親が、15歳の少年と性行為をしたとして東京都青少年健全育成条例違反容疑で逮捕されたと報じられました。いわゆる「被害少年」を慮《おもんぱか》ってか、警視庁が正式に発表した事件ではなかったようですが、母親は「（少年から）迫られて数回やった。悪いこととは思っていた」と供述し、略式起訴を経て罰金50万円を払って刑が確定したようです。母親の釈明が本当なら、「事実上の被害者」は高橋さんの母親の方だったのかもしれませんが、法律上、罰せられるのは大人の方になるのです。

お金の受け渡しがなく、大人の側が18歳未満の児童の側に「強い影響力を及ぼして性行為をした」場合は、青少年健全育成条例よりも刑が重い児童福祉法違反（いわゆる児童いん行罪）に問われます。例えば、先生と生徒、上司と部下などのケースです。時折、学校の先生が生徒とみだらな関係を持ったとして逮捕され、特に女性教諭と男子生徒のときなどはかなり話題になることがありますが、このケースで適用されるのが児童福祉法です。

映画やアダルトビデオにありそうなシチュエーションですが、実際にこうした行為に及んだ場合、最高で懲役10年が科されます。極めて重い罪に問われる可能性がありますので、「禁断の恋」はよほどの注意が必要です。

それが不倫であれば、なおさらです。生徒と性行為をしたとして逮捕されてしまえば、刑事罰に問われるのはもちろん、ニュースで実名が報道される可能性も生じますから、自身の家族にも多大なる迷惑をかけることになります。逮捕や刑事事件に至らなくても、学校の教師の場合は、やはり懲戒処分事由に当たります。免職となる場合もありますし、停職や減給で済んだとしてもその後の教師人生に暗い影を落とすことになりかねません。教え子との「禁断の不倫」には、相当の覚悟が必要です。

一瞬のでき心を狙う悪人は多い

出会い系アプリに関しては、「美人局《つつもたせ》」のリスクが高まっていることにも気をつけなければなりません。出会い系アプリで知り合った女性と軽い火遊び気分で会い、ホテルや女性の自宅について行ったら怖そうな男性がいて恐喝された、といった事件が多発しています。恐喝の被害者になってしまったものの、不倫が目的で出会い系アプリを通じて女性と会ったことを、妻や警察に話せないとして泣き寝入りするケースもあるようです。また、被害届を出したくても、相手女性との連絡手段だったメールアドレスやＬＩＮＥのＩＤなどが事件後にすぐ消去され、相手の連絡先を探しえない場合もあるようです。出会い系アプリで不倫相手を見つけ、いい思いをしようとしたら、結局、女性とは何もできず、金をむしり取られ、あげくの果てには殴られ……。そんな忌々しい被害には遭いたくないでしょう。ネットでの出会いは危険が多く潜んでいます。

２０１４年には、ある連続昏睡強盗事件が話題になりました。30歳の無職の女性が警視庁に逮捕された事案です。この女性は、繁華街などで知り合った男性に声をかけては酒を飲ませ、酔わせて金品を奪っていたとして逮捕されました。最初の逮捕容疑は、東京のＪＲ荻窪駅前で知り合った23歳の男性宅で一緒に飲酒した際、睡眠薬入りの酒を飲ませて眠らせ、現金や腕時計を奪ったというものでした。女性は「声優のアイコ」を名乗り、こうした犯行を繰り返していたとされます。

この事件では、同年中に東京地裁で初公判が開かれ、女性は「身に覚えがない」と起訴内容を否認しました。検察側の冒頭陳述によると、女性は日常では髪を短くして男性として生活しながら、事件を起こすときはロングヘアのかつらなどで変装して男をだましていたと明かされました。結局、この女性は妊娠していたことが発覚し、出産のために裁判は一時停止。約1年ぶりに再開した公判では、起訴内容を認め「自分は多重人格者。犯行時は別人格だったので記憶がない」と刑事責任能力を否定しました。この女性については、性同一性障害だったのではないかという指摘もあります。

同性相手なら不倫にならないのか?

もしも、不倫相手が異性ではなく、同性だったらどうなるか、という点にも触れておきましょう。平たくいえば、夫が男性と、妻が女性と肉体関係を持っていたら、どうなるかということです。LGBT(女性が女性を好きになるレズ=L、男性が男性を好きになるゲイ=G、両性愛のバイセクシュアル=B、心と体の性が一致しないトランスジェンダー=Tの総称。性的少数者ともいいます)の人権が広く認知されるようになった今日、十分にありえるケースだといえます。

結論から言いますと、夫が男性と、妻が女性と肉体的な関係を持っても、原則としては不貞行為になりません。なぜなら、不貞行為は「配偶者がある人が配偶者以外の『異性』と性行為を結んだ場合」と解釈されているからです。だからといって、配偶者に同性の恋人がいることが離婚の原因にならないわけではありません。先にも記しましたように、民法が離婚原因の一つとして定めた「婚姻を継続しがたい重大な事由」に当たる余地はあるからです。

配偶者が自分以外の「異性」と性的な関係にあったと知れば、もちろん、大きな衝撃を受けるでしょうが、「同性」なら違う意味でのショックを受けることになるでしょう。バイセクシャルであればまだしも、レズやゲイなのに、異性の自分と結婚していたということになれば、自身を否定されたようなものです。そうした意味では、配偶者の不倫相手が同性であっても、「精神的な苦痛を受けた」ことに対する夫や妻からの慰謝料請求は認められるケースがありえます。

結婚した後に同性愛に目覚めてしまうようなケースもあるのかもしれませんが、不倫をする側も「相手が同性だから、不倫にならない」と高を括《くく》ってはいけません。法律上・判例上の「不貞行為」に該当しないとしても、離婚や慰謝料請求のリスクがないわけではないからです。裁判例においても、同性愛行為は不貞行為には該当しないが、「婚姻を継続しがたい重大な事由」には概当するとしたものがあります（名古屋地判昭和47年2月29日）。このケースでは、妻が夫の同性愛を知り、夫が男性と肉体関係を持ったことを理由に離婚を請求しました。裁判所は、性生活は婚姻生活における重大な要素であって、妻が数年にわたって夫との正常な性生活から遠ざけられていることや、妻が夫の同性愛を知ったことによって受けた衝撃の大きさを考えると、夫婦間に正常な婚姻関係を取り戻すことは不可能といえることから、夫が男性と肉体関係を持ったことは民法770条1項5号の「婚姻を継続しがたい重大な事由があるとき」に該当すると判断しました。このように、同性との性行為は不貞行為には該当しませんが、「婚姻を継続しがたい重大な事由」には該当することになりえますから、離婚事由の存在が認められることになるのです。そして、離婚に至る原因をつくった配偶者には慰謝料請求をすることができますから、同性と性行為をした配偶者は、慰謝料請求されるリスクを負うことになります。

ポイント

・子を装った「不倫の後処理詐欺」に注意せよ！
・風俗も「関係が続けば」不倫
・一瞬のでき心が、金銭を要求されるはめに
・同性相手との不倫でも慰謝料請求されるリスクがある

Column

万葉集と不倫

『万葉集』といえば、誰もが知る日本最古の和歌集です。歴史的に大変重要な文学作品に不倫の歌が登場することを知る人は少ないでしょう。それも「乱交」という風習があったことを想起させる歌なのです。

その歌を現代語に訳すと、

「鷲の住む筑波山の女陰を思わせる水辺で行われたかがいに、乙女や男たちが誘い合って参加した。私も人妻に交わろう、他の人もわが妻を誘ってほしい。この山を支配する神もいさめぬ行事であり、今日だけは見苦しいといって咎めだてもしないでほしい」

となります。

この現代語訳を読めば想像がつくと思いますが、茨城県の筑波山で奈良時代に乱交の風習があったことが窺《うかが》われるのです。この乱交は行事の形で行われ、既婚者が参加していたことが「人妻」や「わが妻」といった言葉から分かります。

現代[illegible]祭りがあれば、一夫一妻制を定める我が国では、法律に反する行為であ[illegible]すものとして許されないことでしょう。しかし、かつてはこうしたおおらかな性的風俗が存在したのです。「妻」という表現が出てくる以上、歌を詠んだのは男性だったと思われますが、嫉妬心はなかったのだろうか、という疑問が生じます。

しかしながら、人間の本能に忠実になれば、こうした乱交の風習が許された時代は、法律にがんじがらめにされている現代に比べて、より開放的で人間的な時代だったのかもしれません。かつては、祭りの日に、既婚者を含む男女の自由な性行為が許される風習が全国各地にありました。「暗闇祭り」という名前がつく祭礼では、夜の闇にまぎれて乱交が許されていたのです。

古くは、国が編纂する歌集のテーマに乱交が扱われた時代があったのです。文明社会は、人間を自由にしているのか、不自由にしているのか、とても考えさせられます。哲学的な話になってしまいますが、既婚者の性におおらかな時代がかつての日本にあったことだけは確かなのです。

RISK 3

甘い罠が犯罪の落とし穴になるとき

薬物と不倫の密接な関係

不倫が思わぬ形で犯罪になるのは、殺人やストーカー、児童買春のようなケースに限りません。特異な例ですが、俳優の押尾学さんが麻薬取締法違反の被疑事実で逮捕された事件は不倫が発端でした。最初の逮捕の被疑事実は、違法な合成麻薬ＭＤＭＡ（いわゆる「エクスタシー」）の錠剤を摂取したというものでした。

発覚の経緯は、六本木のマンションの一室で30代の女性が死亡しているのが見つかったことでした。この部屋には、借り主の知人である押尾さんが出入りしており、警察が任意で事情を聴いたところ、手が震え、顔が青白いなどの違法薬物中毒の症状があったそうです。そこで、尿検査をしたところ、陽性反応が出て逮捕となりました。その後、死亡した女性の血液からも合成麻薬の成分が検出され、押尾さんと二人で服用していた可能性が浮かびました。

捜査の結果、押尾さんはこの女性が合成麻薬を服用して錯乱状態に陥ったのに、自分の麻薬使用が発覚するのを恐れ、適切な救命措置を施さず死亡させたとして保護責任者遺棄致死の被疑事実で再逮捕されました。警察は、押尾さんが直ちに救急車を呼んでいれば女性が死亡しなかった可能性が高いと判断したのです。

おそらく、二人で麻薬を服用した結果、思わぬ事態になってしまい、救急車を呼べば大騒ぎになるだろうと考え、通報をためらってしまったのでしょう。さらにいえば、押尾さんは当時、女優の矢田亜希子さんと結婚しており、女性との不倫関係が明るみに出るかもしれないと懸念したのだと思います。なぜ、押尾さんが不倫相手と麻薬を服用することになったのか。いわゆる「ドラッグ・セックス」に及んでいたからであると思われます。

違法薬物の中毒者は、しばしば、「服用した直後の性行為の快感が忘れられなくてやめられない」と証言します。これは、容易に試みることができるものではないので、体験者の話から推測するしかありませんが、押尾さんの場合も、合成麻薬を服用して性行為に及ぼうとした（あるいは及んだ）との見方があります。不倫関係をより楽しもうと、違法薬物に手を出したのでしょう。不倫自体は犯罪ではありませんが、結果として犯罪に手を染めることになってしまいました。

押尾さんは、最終的に保護責任者遺棄と麻薬取締法違反の罪が適用され、懲役2年6月の実刑判決が確定し、服役しました。不倫関係が思わぬ犯罪に発展し、服役しなければならない事態にまで発展してしまったのです。もちろん、違法薬物を使ったことが犯罪に結びついたわけですが、元はといえば、不倫がきっかけとなった事件でした。

合意の上での恋愛だと思っていたのに……

不倫が犯罪に発展するバリエーションはまだあります。不倫関係が、性的な行為と不可分なものである以上、性犯罪にリンクしてしまうケースは少なくありません。関係がこじれた後にそうなることが多いのでしょうが、合意の上で性行為に及んでいたはずが、男性が相手の女性に「レイプされた」と訴えられてしまうことがあります。強姦罪や強姦致傷罪で刑事告訴されてしまうこともありえるのです。

あるいは、不倫相手にキスをしたり、その体を触ったりしただけでも、相手との感情がこじれれば、強制わいせつ罪に問われてしまうこともありえます。「当然、合意の上だと思っていた」と反論しても、女性の側が「合意していなかった」と主張すれば、男性の側は極めて不利な状況に追い込まれます。「そもそもそうした行為に及んでいない」と主張するならまだしも、性的な行為自体を認めた上で「合意の上だった」と強調しても、女性＝被害者という構図になりやすいため、男性の側の主張が受け入れられないケースもあるのです。

もし、そうした想定外の事態に追い込まれてしまった場合は、どうすればよいでしょうか。仮に警察の事情聴取を受けることになってしまったら、性的な行為が「合意の上だった」ことを証明する必要があります。ここで威力を発揮するのは、皮肉なことにメールやＬＩＮＥのやりとりです。警察にとって、性犯罪を摘発するに当たって重要なのは犯罪の構成要件を満たすかどうかであって、二人の不倫関係ではありません。メールやＬＩＮＥのメッセージに女性の側が男性を受け入れている文言があれば、「無理矢理の行為ではなかった」ことが証明できます。例えば、女性の側からのメッセージに「今日はエッチしたい」などと書かれていれば、「無理矢理」でないことは一目瞭然です。そこまで直接的な文言でなくとも、既に何度もそうした性的関係を結んできたことが分かるような文言や、行為後に女性側から「今日はありがとう」「幸せな時間だった」などといったメッセージが送られていれば、強姦罪や強制わいせつ罪に至るような状況ではなかったことが明白になります。もしも、不倫関係がこじれ、性犯罪で刑事告訴されるようなことになれば、それまでの二人の関係を明らかにできるあらゆる証拠を警察に提示すべきでしょう。

また、そもそものリスク管理として、不倫相手の精神状態を見極めることも大事です。冤罪事件において被害者として警察に訴え出る人は、元々、被害妄想が強い人です。交際している間にそうした兆候を感じ取ることがあれば、相手の負の感情をエスカレートさせないよう配慮して交際を続けるべきです。

女性の場合、過去にレイプ被害に遭ったことのある人は、性行為に際して精神的に不安定になりがちです。一種のトラウマを抱えた人もいるため、合意の上で及んだはずの性行為でフラッシュバックを起こし、過去のレイプ被害を思い出して「犯された」と思い込んでしまうケースもあるようです。女性の側からすると、過去のレイプ被害を交際男性に告白することはかなりハードルが高いものです。「過去のことを言ったら嫌われてしまうかもしれない」と、なかなか言い出せないまま、性行為に及んでフラッシュバックに遭い、精神的に不安定になってしまうことがあるそうです。

それでも、女性の側に男性に対する好意があれば、刑事告訴にまでは至らないでしょうが、相手の女性の過去のトラウマに気づけないまま、男性の側の欲望のままに性行為に及んでいるうちに、女性の側が精神的に耐えきれなくなることも考えられます。相思相愛な不倫関係でも、「好き同士なのだから、性行為が嫌なわけがない」と思い込まないように注意が必要です。レイプ被害者の中には「交際相手が好きだし、手をつないだり、キスをしたりする程度ならいいけど、セックスは無理」と考える人もいます。つまりは、「お付き合いはＯＫだけど、セックスはＮＧ」という人もいるのです。

ＳＭは性的嗜好か犯罪か

また、不倫相手との性行為が「合意の上」という前提に立っても、犯罪に至ってしまうケースもあります。先に触れた押尾さんの場合も、あるいは、合意の上だったのかもしれませんが、快楽を追求した結果、思わぬ罠に落ちてしまいました。

そもそも、多くの人にとって特定の人との性行為は「飽き」が来てしまうものです。不倫に走ること自体が、配偶者との性行為に飽きてしまったことが原因であることも少なくないでしょう。そして、不倫相手との性行為にも、多くの場合、「飽き」が来るものです。不倫する男女が、その「飽き」をきっかけに別れられれば、一つの穏便な結末といえるかもしれません。しかし、不倫関係であるがゆえにノーマルな性行為に対する「飽き」から、快楽の追求にのめり込み、アブノーマルなプレイに走ってしまうと、それが身の破滅につながる可能性があります。

人には、それぞれの性的嗜好がありますが、極端な性癖は一歩間違えば、犯罪につながります。例えば、露出狂。世の中には、男性の露出狂もいますが、女性の露出狂もいます。屋外での性行為を他人に見せて興奮するカップル（不倫カップルも含みます）がいるそうです。しかし、これは立派な犯罪行為で、公然わいせつ罪に該当します。「誰にも見られなければ済む」と思っていても、結局、そうした性的嗜好はエスカレートしがちです。アダルト動画には、露出をテーマとしたマニアックなものも存在するようですが、出演者やメーカーが摘発されるケースもあります。いくら興奮度が高まるからといっても、屋外での性行為はやめた方が身のためです。

また、いわゆるＳＭも犯罪行為に発展する危険度が高い性的嗜好です。不倫ではなく内縁関係だったようですが、かつて元グラビアアイドルの女優が、同居していた男性を刃物で刺して死亡させ、傷害致死罪に問われたケースがありました。この女優は、レースクイーン時代に圧倒的な人気を誇り、女優としてもＶシネマに主役クラスで出演していたようですが、公判で被害男性と日常的にSM行為に及んでいたことが明らかになり、話題になりました。

このカップルの場合、男性の側にMの嗜好があったようで、女優の側のS行為がエスカレートして刃物で刺してしまったようです。結局、女優には懲役2年6月の実刑判決が言い渡されました。判決で裁判官は「被告人（女優）に暴力をふるった男性から、自分（男性）を刺すよう強く要求され、拒みきれずに犯行に及んだ可能性が高い」と認定しています。女優の側からすると、相手の男性に暴力をふるわれた上で、男性から要求されて刺したということです。SMの中でも過激なケースであり、常識では考えられない複雑な関係というしかありませんが、性的嗜好が高じて犯罪に発展してしまったケースといえるでしょう。

なお、SM行為では過去に、Mの人を縛っていた縄が首にかかって死亡してしまったケースもあったようですし、少なくとも見方によっては暴行罪や傷害罪になりかねないプレイもあるようです。一つ間違えば、相手を死亡させたり重いけがを負わせたりすることがありえます。先に紹介した女優のようなケースは極端ですが、どうしても二人で楽しみたいのなら細心の注意が必要です。

露出やＳＭなどが犯罪に発展する危険性は、不倫カップルだけの問題ではありません。恋人同士や夫婦でも、そうした性的嗜好のあるカップルはいます。しかしながら、不倫カップルの方が、アブノーマルな行為に及ぶ可能性は高いとも考えられます。「配偶者とはできないことを不倫相手と楽しみたい」と考える人が、少なからずいるからです。「いつかは別れるのだから、興味があるプレイを割り切ってやってしまおう」といった心理が働くようです。不倫カップルの場合、刹那の関係なだけに、とことん本能に忠実な性行為を追求してみたいと考える傾向にあるのです。

しかしながら、刑事事件として立件されるような結末を迎えてしまえば、「自業自得」と言わざるをえません。不倫がバレて配偶者から強くたしなめられる程度では収まりません。刑事事件に発展し報道されれば、周りに不倫の事実までバレてしまいますし、報道されなかったとしても逮捕されれば家族にバレないことはないでしょうから、ただでは済みません。略式起訴のような非公開の手続きで罰金を払って決着するならまだしも、公判手続きになって法廷で裁かれることになれば、不倫の事実も含めて公開の場で偽りなく語らなければなりません。公判では被告人の罪を軽くする証言をするため、家族が情状（被告の酌むべき点や同情できる点）証人として出廷することが多いのですが、不倫に及んだあげくの公判ともなれば、配偶者に情状証人として証言することを依頼するのは難しくなるでしょう。

過去に担当した刑事裁判に、電車で痴漢を繰り返す男性被告人の情状証人として妻が証言台に立ったケースがありました。妻は「夫が犯した罪は許せないし、離婚だって考えました。しかし、夫との間に生まれた子はパパのことが大好きなので、別れられません。家庭では、とてもいいパパなんです。だから、刑務所で罪を償って戻ってきたら、また家族としてやり直したい」と涙ながらに語っていました。このときばかりは、夫も被告人席で涙ぐんでいましたが、夫の性犯罪を裁く法廷で妻が証言することがいかに過酷かは、誰でも容易に想像できると思います。

もし、不倫をしたあげくに犯罪行為に及んだとなれば、配偶者が離婚裁判を起こしても反論のしようがありません。配偶者との間に子がいたとしても、離婚を免れないケースが多いはずです。離婚してもそれで終わりではありません。その後も、周囲の目をはばかりながら生きていくしかなくなります。

繰り返しますが、不倫は配偶者以外との性行為を伴うために、性犯罪と紙一重だと認識すべきです。家族との幸せを維持して不倫も楽しみたい、という贅沢な欲求を満たしたいのであれば、少なくとも犯罪に至るような行為をしないよう、十分に気をつけてください。そして、不倫には、犯罪に発展しかねない諸々の要素が隠れていることを自覚しておくべきでしょう。

ポイント

・不倫でなくても薬物は「ダメ。ゼッタイ。」
・ハードすぎる行為は傷害罪になることも
・不倫は性犯罪と紙一重

Column

厳罰化する性犯罪

近年、性犯罪に対する厳罰化が進んでいます。

元々、レイプなどの性犯罪の被害者は、「性犯罪は魂の殺人」だと主張してきました。性犯罪被害者の話を聞く機会がこれまでに何度もありましたが、被害時のトラウマが何度も襲ってくる体験は「地獄」だといいます。

性犯罪をきっかけに異性との性行為ができなくなり、結婚に支障が生じる被害者も少なくありません。まさに、一度の加害行為が、被害者の人生を台無しにしてしまうこともあるのです。

性犯罪の被害者の訴えは、悲痛極まりないものです。また、被害者からすれば、他の犯罪とは違って自身の被害体験を周囲や社会に訴えにくいため、タブー視されてきた面もあると思います。それでも、声を上げる被害者の訴えが、ようやく法律に反映されつつあります。

２０１５年当時、岩城光英・法務大臣は、強姦罪の法定刑を引き上げ、被害者が告訴しなくても加害者を処罰できるようにすることなどを柱とした刑法改正について、法制審議会に諮問しました。これを受け、法制審議会は2016年、刑法改正案の素案となる「要綱《ようこう》」を全会一致で採択。法務省はこれを元に刑法改正案を作成し、国会での審議を経て法改正が実現する見通しとなっています。

この要綱《ようこう》の概要を紹介しますと、まず強姦罪の法定刑の下限が懲役3年から懲役5年に、強姦致傷罪の法定刑の下限が懲役5年から懲役6年にそれぞれ引き上げられます。また、同性愛などを想定して加害者と被害者の性別は問わないようにし、強姦罪や強制わいせつ罪などは被害者からの刑事告訴がなくても警察が捜査に乗り出せる「非親告罪」とします。

さらに、親が子に対して性犯罪に及んだ場合の規定も新設し、家庭内の性犯罪も厳しく罰せられるようになります。従来は、親の子に対する性犯罪は、児童福祉法などの特別法が適用されていましたが、刑法犯罪として厳罰化されます。

他にも、「(女性器への)性交」に限定していた強姦の定義を「性交等」とし、男性も強姦の被害者となりえるようにします。これに関しては、強姦という用語自体が女性を被害者と想定した表現になっているとして「強制性交罪」などの新たな用語に変更すべきだとの意見もあったため、国会で再び名称変更について議論される可能性が

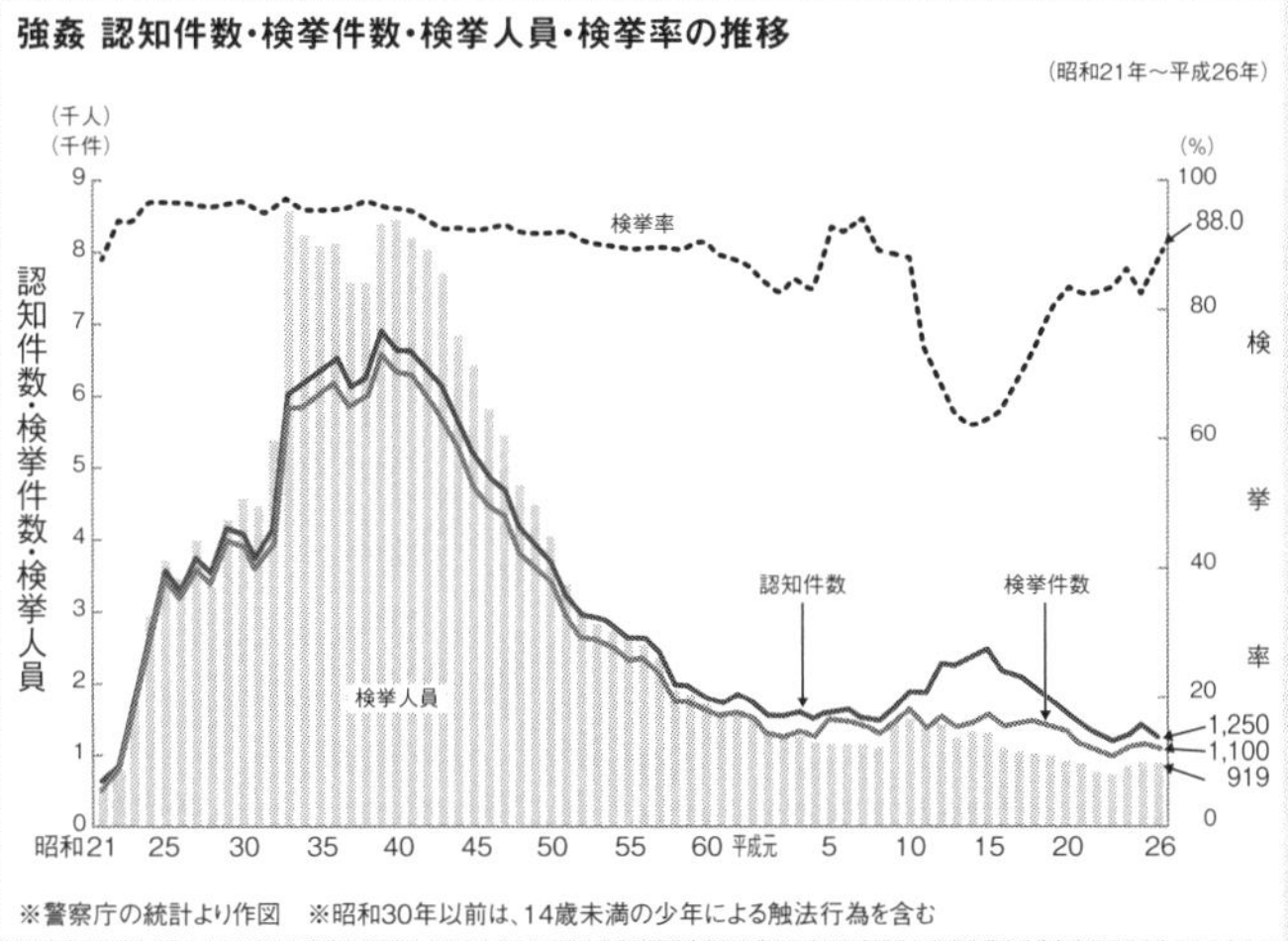

ありそうです。

こうした法改正の動きとは別に、2009年に始まった裁判員制度（強姦致死傷や強制わいせつ致死傷などが対象罪名に含まれます）では、従来の裁判官だけの判断より性犯罪に対する量刑が厳しくなっている傾向があります。

不倫に伴う性犯罪も無関係ではないことを肝に銘じておくべきです。

RISK 4

不倫がバレない究極の方法はあるのか

妻や夫に不倫がバレない方法とは

配偶者がいても、恋愛を楽しみたい。そんな欲求に耐えられない「不倫したい病」の人に、「不倫を不倫ではなくする究極の方法」ともいえる処方箋があります。自身の不倫を配偶者公認にしてしまうという、極めてアクロバティックな方法です。「極めてアクロバティック」という表現を用いたように、おそらく決して誰にでも可能な方法ではありません。自身の不倫を配偶者に認めてもらう代わりに、相手の不倫も認めるのです。配偶者を納得させ、合意の上で不倫をし合うという方法です。

多くの人は、そんなことは無理だろうと思うかもしれません。無理であるケースの方が多いでしょう。自身が不倫をしつつも、相手も不倫をするわけですから、当然、嫉妬心は生まれます。そして、その嫉妬心で苦しむであろうからです。

しかし、その嫉妬心がかえって、夫婦の性的な絆を強くするという人もいるようです。

実際にそういう関係を続けている男性の話を聞いたことがありますが、「妻が他の男性としてきたことを想像すると、興奮して妻を愛したくなる」そうです。本当にそのような感情になれるのであれば、自身も他の異性と性行為に及んで、配偶者とも満ち足りた営みができる、という一石二鳥のような状況だともいえます。

こうした世界は異常にも思えますが、もしかすると、究極的な恋愛の形なのかもしれません。夫婦がこのような関係を築くことについて合意に至っているなら、互いに「不倫だ」「離婚だ」と騒ぐ必要もありません。そうした意味でも、「不倫しても不倫にならない究極的な方法」といえます。ただ、後になって後悔したり、配偶者を他の異性に委ねたことがトラウマになったりしないのだろうか、という心配はぬぐい切れません。決して推奨できるものではありませんが、一つの「夫婦の愛の形」ではあるのかもしれません。

ちなみに、近年、「ポリガミー」という聞き慣れない外国語が、日本でも知られるようになりました。日本語でいうと「複数婚姻」と訳されます。一夫多妻制（「ポリジニー」といいます）と一妻多夫制（「ポリアンドリー」といわれます）を包括した用語とされ、夫婦が互いに婚外恋愛を認める、先に述べたような関係です。結婚していないカップルの場合は「ポリアモリー」という用語があり、やはり未婚男性や未婚女性がカミングアウトした上で複数の異性と交際するスタイルのことです。

日本の法律では、民法が「配偶者のある者は、重ねて婚姻をすることができない」と定めており、一夫一妻制（「モノガミー」といいます）を採用しています。従って、日本では未婚者の「ポリアモリー」が法的に許容されるとしても、「ポリガミー」は許容されません。また、刑法は重婚罪を定め「配偶者のある者が重ねて婚姻をしたときは、2年以下の懲役に処する。その相手方となって婚姻をした者も、同様とする」としています。

つまり、重婚はれっきとした犯罪であり、配偶者があるのに結婚した側も、相手方となって婚姻した側も、双方とも処罰の対象となります。双方が既婚者であったとしても同様です。ただ、実質的に罰則対象は「法律婚の重複」であるため、同じ人が複数の異性と重ねて婚姻届を出すようなことをしない限り、立件されるケースはほぼないといえるでしょう。実際に重婚罪を適用した事件はほとんど聞いたことがありませんし、複数の異性と実質的な婚姻関係にあっても、わざわざ重ねて婚姻届を出すような人はいないと思われます。

ちなみに、重婚罪は刑法の中でも、強制わいせつ罪や強姦罪と同じ「第22章」に含まれています。前条の183条は元々姦通罪で、こちらは先にも述べたように廃止され、条文は削除されています。旧刑法時代の姦通罪は「夫のある妻と、その姦通の相手である男性」だけを罰則対象としていたため、戦後成立した日本国憲法の「男女平等」（14条）に反するとされたためです。この議論では、「妻のある男性にも平等に適用するように改正すれば、憲法に違反しない」と、姦通罪の範囲を広げて維持することを求める意見もありましたが、結局、条文そのものが廃止されました。もし、この改正が「妻のある男性にも同様に罪を適用する」ものであったとしたら、今でも不倫自体が犯罪であった可能性があります。

不倫と愛人関係の違いは何か

先にも述べたように、複数の異性と「法律上の婚姻」をすることは禁じられています。このため、仮にいくら配偶者より不倫相手の方を愛していたとしても、法律的には当然、配偶者の方が手厚く保護されます。例えば、既婚男性

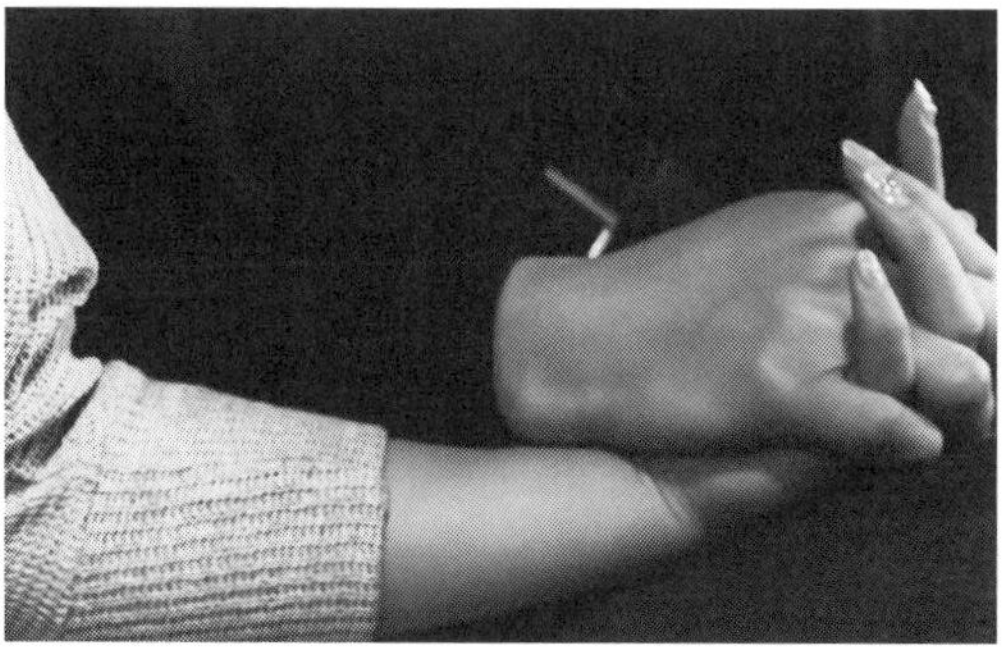

が未婚女性と不倫し、定期的に金銭的な援助をしているような場合があります（既婚女性と未婚男性のケースもあるかもしれません）が、こうした「愛人関係の契約」は法的には認められていません。日本の民法が重婚禁止を規定しているため、こうした契約は同法90条で「公の秩序又は善良の風俗に反する事項を目的とする法律行為は、無効とする」と定める「公序良俗違反」に当たるとされています。

つまり、愛人が「愛人契約」にもとづいて、不倫相手の既婚者に対して訴訟を起こして未払いの金銭（愛人料）を請求したとしても、認められることはありません。逆に既婚者側が、不倫関係の破綻などを理由に、愛人にそれまで支払った愛人料を返済するよう求めて訴訟を起こしても、やはり認められません。我が国では法律上、こうした愛人関係をそもそも認めておらず、不法に手を染めた者を救済することもしていないからです。いわゆる「愛人契約」は、当事者間で成り立っていても、公的には何の意味もなさない「空の手形」なのです。

内縁の妻が主張できる権利

ただ、いわゆる愛人関係の中でも、例外的に法的な保護を受けるケースがあります。法律上の配偶者がいながら、他の異性と「将来的に婚姻する意図を持って事実上の夫婦共同生活を送っている」ような「重婚的内縁関係」を築いている場合です。詳しくいえば、既に既婚者の側において「配偶者との婚姻関係が事実上破綻し、離婚にも同意しているような事情がある」場合（法律婚関係が形式的なものになっているような場合ともいえます）で、未婚の異性と夫婦同然の同棲生活を送っているようなケースです。

こうした場合には、「重婚的内縁関係の異性」の側に「本来の配偶者」が受けられる法的な保護が認められる場合もあります。つまり、元々、配偶者が受けるはずだった遺族年金や財産分与を内縁の妻（夫）がもらえる可能性があるのです。また、こうした重婚的内縁関係を、一方の当事者が正当な理由なく破棄した場合には、離婚の場合に準じた慰謝料や財産分与を請求することができる可能性があります。ただ、こうしたケースは、周りから見ても実質的な夫婦関係を長年維持してきた場合に当てはまることで、いわゆる「通常の不倫」関係に認められるものではありません。

先ほど述べた「ポリガミー」の話に戻りますと、結婚していながら互いに他の異性との関係を許容していることを「オープン・マリッジ」ともいいます（未婚カップルの場合は「オープン・リレーションシップ」）。ＳＮＳの代表的な存在であるフェイスブックの交際ステータスに「オープンな関係」という選択肢がありますが、これはまさに「オープン・マリッジ」や「オープン・リレーションシップ」のことを指しています。俗っぽいいい方をすれば、「私は浮気します」「私は不倫します」と言っているようなものですから、何だか違和感がありますね。しかし、前衛的で新しい価値観を示すステータスともいえそうです。

実際に「ポリガミー」の人が、世界にどのくらい存在するのかは分かりませんが、日本ではまだまだ認知されていないと思われます。外国語なので、内在する「不倫ＯＫ」の意味が何となく隠れてしまっているようにも思われますが、実際は「夫婦が同意した相互不倫関係」を意味します。

日本では民法で不倫を「公序良俗違反」としているわけですから、夫婦間で合意していて「不倫なのに不倫にならない究極の方法」を実践していたとしても、対外的にこうした夫婦関係であることを公言するのは、なかなかハードルが高いでしょう。今後、この新たな恋愛スタイルが日本でも潜在的に広まっていくのかは極めて未知数ですが、「不倫なのに不倫にならない究極の方法」であるには違いないようです。

ポイント

- **互いの不倫を認め合っても嫉妬心は消えない**
- **重婚は犯罪**
- **「愛人契約」は法的に認められない**

Column

不倫と映画

不倫は、数多くの映画の題材にもなっています。洋画で最も有名な不倫映画は、おそらく「マディソン郡の橋」でしょうか。クリント・イーストウッドが監督・主演を務め、ヒロイン役はメリル・ストリープでした。農場の主婦が家族の留守中に、カメラマンの男性と出会って「4日間の恋」に落ち、駆け落ちまで考えながら、ぎりぎりの所で「家族を捨てられない」と断念するストーリーです。

日本では1995年に映画が公開され、日本国内の配給収入は23億円に上る大ヒット作となりました。この映画のおかげで、「マディソン郡」（アイオワ州）は、日本で最も有名なアメリカの郡になったのではないでしょうか。この郡には六つの屋根付橋があり、そのうちの「ローズマンブリッジ」が橋のモデルになりました。

この屋根付橋は今も残っているようで、映画のおかげで「不倫愛の聖地」のようになっているそうです。一方で、ヒロインの家として映画に使われた建物も「フランチェスカの家」として残され、観光スポットになっていたようですが、2003年に放火され、その後は廃墟のようになっています。詳細は分かりませんが、不倫を描いた映画だけに作品に批判的な人もいたようで、そうした人の仕業かもしれませんね。

一方で、邦画でもっとも有名な不倫映画は、やはり「失楽園」でしょう。渡辺淳一（故人）原作の恋愛小説で、映画は１９９７年に公開され、やはり配給収入は23億円に上ったといわれます。役所広司さん演じる出版社の男性編集者と、黒木瞳さん演じる女性書道講師が恋に落ち、深い関係になっていくW不倫の物語です。二人の関係は互いの配偶者の知るところとなり、大きな悲劇を引き起こします。

「失楽園」は元々、旧約聖書に記された挿話の一つです。蛇にそそのかされたアダムとイブが神に禁じられた「善悪の知識の実」を食べてしまい、エデンの園から追放されるというエピソードです。作品の「失楽園」は、この挿話の「禁断の果実を食べてしまうアダムとイブ」に、禁断の恋に落ちる男女を重ねたものといえます。

「失楽園」では、主人公たちが不倫の逢瀬に使うため、月額家賃15万円の部屋を借りています。仮に2日に1回会ってごく普通のホテルに行っても、月に15万円までは使わないでしょうから、「高い部屋を借りたものだな」と思ってしまいます。

「失楽園」は不倫がどのような悲劇をもたらすかをリアルに描いています。もちろん、優れた文学作品でもありますから、ご一読をおすすめします。

RISK 5

法律は不倫に厳しいのか

不倫と法律

弁護士の立場から、これまで不倫について法律的な観点を踏まえて本書を書き進めてきました。読者の中には、「法律は不倫に厳しいなあ」とか「既婚者でも恋はしたい（セックスはしたい）が、法律なんかに縛られたくない」などと感じた人もいるかもしれません。

法律はなぜ、不倫を抑制する方向にできているのでしょうか。もし、法律が「不倫の自由」を認めてしまったらどうなるでのしょうか。おそらく、人は嫉妬と猜疑心に満ち、社会の中で不調和が生じるでしょう。内心では多くの人が「不倫が許されるならしたい」と思っているかもしれません。しかし、法律がそれを抑制しているからこそ、円滑な社会が成り立っている側面もあると思います。現代の日本の法律が、不倫に厳しいかどうかは歴史上の不倫に対するルールや、海外の制度と比較すると分かりやすいでしょう。

古代ギリシアの例を紹介します。紀元前４、５世紀という古い時代の話です。当時、ギリシアにアテナイという強い都市国家が存在し、姦通法を定めていました。この法律は、分かりやすく解説すれば「夫が、妻の不倫相手を捕まえたとき、夫は妻との夫婦生活を続けてはいけない。もし続けるなら、夫は市民権をはく奪される。不倫相手と一緒にいて捕らえられた妻は、公共の神事に参加してはいけない。もし、参加したら、死以外のどんな仕打ちを受けても、その仕打ちは罪にならない」とルールを決めていました。つまり、妻が不倫現場を夫に押さえられたら、夫婦は即座に離婚しなければならず、そうしなければ夫は追放されたのです。また、離婚させられた妻は、公共の行事の場に姿を現してはならず、もし、そうした場でこの妻の姿を見たら、誰もが殺害以外のどんな仕打ちをしてもかまわないというのです。

そして、このアテナイの法律では、妻の不倫相手の男には死刑を科すことも可能でした。また、既婚女性との姦通罪は、強姦罪よりも刑罰が重かったそうです。今の法律感覚なら、男女間の合意が存在しないのに無理矢理性行為に及ぶ強姦罪の方が当然、刑罰が重いと考えられそうですが、アテナイでは合意の上で性行為に及んだ姦通罪の方が、夫の尊厳を踏みにじり、社会の秩序を乱すと考えられたようです。

このように、不倫をした妻とその不倫相手の男に対して、厳しい社会的制裁や刑罰が科された一方で、既婚男性が未婚女性と交際する不倫は許されていました。男は相手が未婚女性であれば、いかなる不倫も許されたわけです。明らかに男性本位の古代社会の法律といえますが、不倫をする女性やその相手の男性の立場からすれば、現代の日本の法律よりも遥かに厳しい仕組みが整えられていました。

日本でもかつて、妻の密通に対する刑罰を定めていました。鎌倉時代、時の執権・北条泰時が定めた「御成敗式目」は、（現代語訳します）「妻の不倫相手に対しては、所領の半分を没収する。所領を持っていない場合は、遠流《おんる》（辺境や島などへの追放罪）とする。不倫をした妻も同じ」などとしています。そして、慣習的に夫が妻の不倫相手を殺害することが認められていたのです。室町時代には、不倫をした妻を殺害するように定めた「法律」が、戦国大名家でみられるようになっていますし、極端ともいえる例として、四国の長宗我部元親が定めた「百箇条」は「不倫した妻を夫が殺害しない場合は、妻や不倫相手の男だけでなく、夫も死刑にする」としていました。

お国柄で異なる不倫の制裁

現在でも、不倫に対して極端とも思える制裁を加えることがまかり通っている国は存在します。特にイスラム教やヒンズー教（厳密には違いはありますが）の国や地域では、婚姻外の性交渉をした男女に対する「石打ち」による死刑や「鞭打ち」の刑などを定めているケースがあり、不倫という「不名誉」を犯した身内への「名誉殺人」も許されています。結婚もしていないのに既婚男性と性交渉を持ってしまった女性を、父兄や親類が「一族の恥だ」として殺害してしまう風習です。インドでは、古くから「カースト制」という徹底した身分制度があり、異なる階級の異性との接触ですら、名誉殺人の対象となっていました。未だに「人権」という言葉が通用しない国があることに驚きを禁じえませんが、海外の一部の国や地域が、いかに不倫などの個人的な男女交際に厳しいかがお分かりいただけるかと思います。

ちなみに、「不倫は死刑」という厳しいルールを設けているイスラム圏のイランでは、「一時婚」の制度があります。1時間から99年間まで自由に期間を決め、双方が合意すれば、一定期間、法律婚の状態になる仕組みです。元々、遊牧民族の男が滞在した場所で一定期間「現地妻」をめとっていたというこの地域ならではの風習が源流にあるようですが、婚前の性交渉や不倫を御法度とする国ならではの制度といえます。もちろん、既婚者は重ねて一時婚をすることはできませんが、複数の異性と新鮮な気持ちで次々に婚姻関係を結ぶことができ、離婚という面倒な手続きを踏む必要もないという仕組みは、一つの婚姻制度のあり方として学ぶべき点があるのかもしれません。

また、「女性の魅力に抗えず、つい不倫に走ってしまう」という殿方からしても、イスラム圏の風習には「なるほど」と思える点があります。よくテレビで見かけるように、イスラム圏の女性は全身のほとんどを覆う「ヒシャーブ」と呼ばれる服装を身につけています。

この服装には、見知らぬ男性に肌を露出することで、性的な好奇心を抱かせないようにする役割があるそうです。日本では、若い女性を中心にミニスカートや胸元が露わな服装の女性も多く、男性からしてみれば、こうしたファッションは性的好奇心をかき立てます。世の中には「不倫はだめだというなら、女性は露出度の高いファッションで男心を刺激しないでほしい」などと考える人もいるでしょう。そうした意味で、イスラム圏の「隠す文化」は不倫を防ぐ上でも合理的なのです。

海外の性的風習として、イスラム圏のアフリカには「女児の割礼」が未だに行われている国があるそうです。女性が将来、（不倫を含めた）性的欲求に基づく行為に走らないよう、幼いうちに性感帯であるクリトリスを切除する風習です。想像するだけでおぞましい風習ですが、クリトリスを切除することで性行為時に快感を得られなくし、性欲におぼれないようにするのです。さらには、婚前の性行為を不可能にするため、女性の性器を縫合してしまい、結婚後に夫がナイフで切れ目を入れる風習も一部で続いているそうです。

こうした「割礼《かつれい》」や性器の縫合は、医学的にはもちろん、極めて危険で不衛生といえますし、日本を含む先進国では考えられないことです。女性に対する蔑視が、今でもいかに続いているのかを象徴する例ですが、「人も動物である以上、性的衝動からは免れられない」という性《さが》をどう抑えるのか、という人類共通の問題が生んだ原始的風習だといえます。

中国では、かつて皇帝の後宮（西洋風にいえばハーレム、日本でいう大奥ですね）に入る皇帝以外の男性が（男性器を切り取られてしまう）「去勢」をされていましたが、もちろん、皇帝の后たちに手を出させないためでした。日本では、鎌倉時代に僧侶でありながら宗教上の戒律を破って「女犯」し、去勢刑（「宮刑」とも呼ばれます）を受けたケースが「皇帝紀抄」に記録されています。

こうした過去や海外の事例と比べれば、いかに現代の日本社会が性に寛容か分かります。刑事上の責任を負わされるというわけではない点で、不倫について一定程度の自由が認められている以上、不倫におぼれる人であっても、ある程度の法律的な抑制は甘んじて受けなければならないようにも思われます。

ポイント

- 不倫は犯罪ではなくなった
- 国によっては不倫も重罪に

婚姻関係事件における申立ての動機別割合（平成25年度）

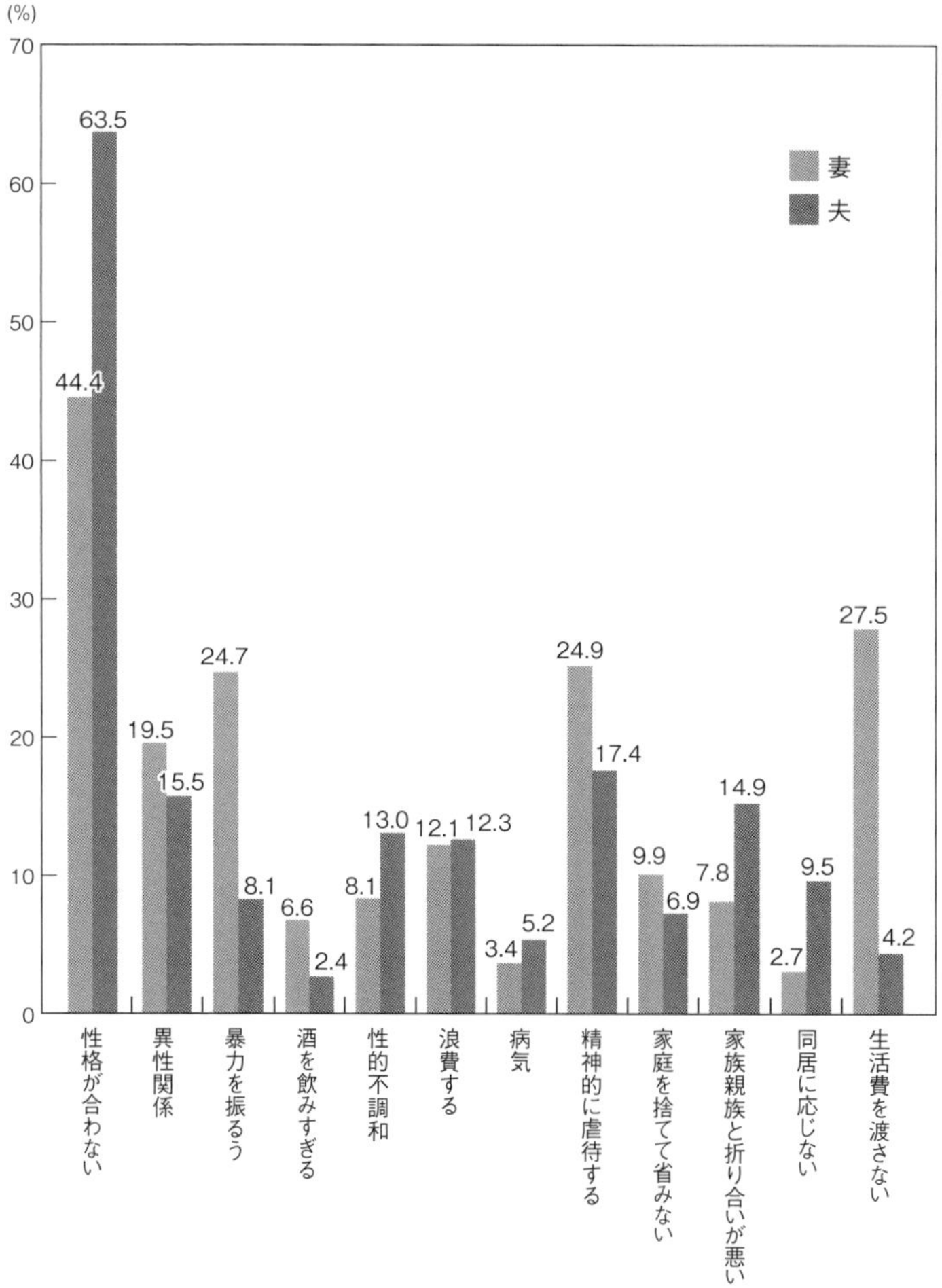

※最高裁判所「司法統計年報」より作図

Column

諸外国と不倫

２００４年に「日本人の不倫」について大学教授が調査したデータでは、約28%の夫婦間で不倫が起きているという結果が出ています。ほぼ、離婚率と同じといえるでしょう。３組に１組の夫婦で少なくともどちらかが不倫を経験している計算になります。これを多いとみるか、少ないと見るかは人それぞれだと思いますが、決して少なくはない結果だと思います。そして、40〜50代の主婦を対象とした別の調査では、「不倫経験のある主婦」は約15%でした。十人に一〜二人という割合ですが、既婚男性からすると「まあ、うちの妻は大丈夫だろう」と思いたくなる数字だと思います。しかし、10人に１〜２人という数字も決して「まれ」といえるものではありません。

一方で、海外に目を向けると、あるインターネット上での調査では、最も不倫率が高いのは、タイの56%だそうです。しかしながら、タイの場合は、売春産業が国内経済の一定割合を担っているといわれており、不倫というよりも「既婚者でありながら、性風俗を利用する人の割合」を示している可能性が高いと思われます。そして、２位はデンマークの46%、３位はイタリアとドイツの45%、５位がフランスの43%、６位がノルウェーの41％、7位がベルギーの40％、8位がスペインの39％、9位がイギリスとフィンランドの36％と続きます。

この結果を見ると、上位はヨーロッパと北欧が占めています。「汝、姦婬するなかれ」とモーゼの十戒に出てくるフレーズも何のその。アメリカは入っていませんが、意外にもキリスト教の国の不倫率が高いようです。もしかしたら、統計の取り方に問題があるのかもしれませんが、貧しい国が多いアフリカやアジアに比べて、政情が安定していて裕福な国ほど、不倫が多いといえるのではないでしょうか。つまり、国民が余裕のある生活を送ることができる国ほど、不倫が多いといえそうです。

日本もまた、世界的には、経済的にゆとりのある人が多い国だといえるでしょう。そうした意味で、比較的、不倫がしやすい環境が整っているといえるかもしれません。仮に先に紹介した統計のように、ヨーロッパや北欧の方が日本より不倫率が高いとしたら、前者にはパーティーを頻繁に開催する習慣があり出会いの機会が多いことや、リゾートなどで長い余暇を楽しむ習慣があり長期間自宅を空ける機会が多いことが要因かもしれませんね。

第3章

それでも不倫をしてしまう人への7箇条

これまでみてきたように、「不倫」は、だめだと分かっていても手を出してしまう禁断の果実のようなものです。人間には誰しも欲望があります。よく「食欲」「睡眠欲」「性欲」を、ヒトの三大欲求といいますが、「性欲」だけは相手が人間です。人は人を求めるものだとすれば、最も人として純粋な欲求といえますが、「不倫」の場合、「倫理」に反するというネガティブな側面を持っているがゆえに、大きなリスクをはらみます。

従って、性欲を満たそうと思えば、その見返りがあるのです。「人間として、自分の本能のままに生きたい」と望めば、法律の縛りは簡単に乗り越えられてしまいます。しかし、法治国家の国民として、「不倫」の裁きからは免れられません。「どうしても不倫をしたい」というのであれば、身を滅ぼさないためにも、リスクを軽減する術を身につけ、徹底的にそのルールを守らなければなりません。

いくら渇望しても、不倫を我慢すれば済むことなのですが、理不尽なことが多いこの世の中です。ストレスや現実から逃れようと、不倫に走ってしまうこともあるでしょう。そのような人であっても、せめて以下の7箇条を守ることをおすすめします。これは、不貞行為=不法行為を推奨するものではありません。あえて不倫をしたいのなら、自分の身を守るために、最低限、注意すべき点をおさらいするもの、と認識してください。

第1条 記録は残さない

現代はインターネットや携帯電話の機能が発達し、電子メールやＳＮＳなどコミュニケーションツールが多彩になっています。しかし、一方でこうした便利なツールは、記録として残ってしまうがために、不倫をする人には「諸刃《もろは》の剣」になります。

インターネットや携帯電話が普及する前、一般的なコミュニケーションツールは有線電話や直接渡し合う手紙、そして郵便しかありませんでした。従って、不倫関係を維持するのは、それなりに労力が必要だったといえます。ところが、今やお互いのメールアドレスやＬＩＮＥのＩＤを教え合うだけで、個人同士が容易にやりとりできてしまいます。不倫関係の維持も簡単になっているといえるのです。

ところが、メールやＬＩＮＥのやりとりは、これまでに述べてきたとおり、記録として残ります。配偶者などに内容を見られてしまえば、一発でアウトです。従って、原則としてメールやＬＩＮＥなどで不倫と分かるようなやりとりをしないことをおすすめします。

しかし、不倫交際がうまくいっているのなら、「好き」だとか「今日は幸せな時間だった」とか、つい感情的な文面も送ってしまうことでしょう。メールやLINEなどで、どうしても、そういうやりとりを楽しみたいのであれば、せめてこまめにメッセージを削除する必要があります。

ただ、不倫相手の愛情のこもったメッセージを「繰り返し読んでほくそえみたい」人もいるでしょう。そういう人は、携帯電話の中身を絶対に配偶者に見られないようにする必要があります。ただ、現実的には入浴時など、携帯電話を手放す機会はどうしても生じてしまいます。不倫を疑っている配偶者なら、そうした隙を狙ってパートナーの携帯電話を盗み見る可能性は十分あります。「不倫をしていると疑い続けるくらいなら、一時的にショックを受けてでも真実を知りたい」と考えている配偶者は多いのです。

配偶者に携帯電話を見られてはまずいという人は、ログインの暗証番号を設定する段階で、配偶者が絶対に気づきえない暗証番号を使う必要があります。家族の生年月日は論外。長年連れ添った配偶者でも絶対に発想しない数字を暗証番号にするべきです。

もちろん、その場の思いつきだけで暗証番号を決めてしまうと、後で暗証番号を忘れてしまいます。自分だけは絶対忘れない、例えば配偶者や子も知らない昔の彼氏・彼女の生年月日を、さらに念入りにひっくり返した数字などがよいでしょう。仮に携帯電話の最初のログインを突破されても、ＬＩＮＥの場合はアプリ自体に暗証番号機能があります。当然、ＬＩＮＥの方でも同様のリスク管理をしておくべきでしょう。

記録という意味では「配偶者に不倫がバレるリスク」とは別に、「不倫相手に悪用されるリスク」があることも忘れてはいけません。不倫というのは、法律婚主義を採用している我が国では、元々、非合法的な関係といえます。であるからこそ、不倫交際は当事者同士が互いの立場に納得してうまくいっているうちはよいですが、こじれると「愛」が「憎」に変わります。先にも紹介した通り、場合によっては相手がストーカーや犯罪者になってしまうこともあります。

不幸にも相手がストーカー化してしまった場合、メールやＬＩＮＥの文面がどのように悪用されるかは分かりません。憎しみのあまり、インターネット上に個人情報と一緒にメッセージが晒される危険もありますし、フリーメールや匿名郵便などで配偶者に「あなたの夫（妻）は不倫しています」とバラされる可能性も否定できません。

また、特にメールやＬＩＮＥでは、「酔っているときにメッセージを打たない」ことも重要です。これは、不倫に限りませんが、飲酒後に打ったメールやメッセージでトラブルを起こすケースが多発しています。いつもは理性というフィルターを通して考えられるメッセージを本能のままに打ってしまうことで、あらぬ軋轢《あつれき》を生むのです。なかなかできなかった告白をつい酒の勢いでしてしまって、うまくいった……。そんないい方向に転がるケースならよいのですが、飲酒後は日頃の不満をぶっちゃけてしまい、相手の不興を買うようなケースの方が多いようです。

酔った状態で送り先を間違える「誤爆」トラブルもかなり起きています。社内の秘密を社外に流出させるような仕事上のミスも深刻なケースですが、不倫相手へ送るはずだったメールを配偶者に送ってしまって関係がバレたり、別の不倫相手に送るはずだったメッセージを送ってしまって関係がこじれたり、とさまざまなケースが想定されます。「酔ったらメールやメッセージを送らない」ことを励行《れいこう》しましょう。

怖いのは字よりも画像です。性行為中の画像や顔が分かる状態の裸の写真などは論外ですが、不倫相手とのツーショット写真でも画像の雰囲気を見れば「不倫」は分かるものです。字なら「偽造された」との言い訳が通用することもあるかもしれませんが、画像はそうはいきません。

また、インターネット上に不倫画像が出回ってしまえば、削除するのは非常に困難になります。ストーカー事件で時折あるのは、自宅の近隣に写真をプリントアウトした紙などを大量にばらまかれるケースです。このようなことになれば、家庭内の不和という問題を超えて、近隣住民からも白い目で見られるようになるのは必至です。場合によっては、引っ越さざるをえなくなるかもしれません。

写真画像を撮らない、送らない、残さない。

このルールも徹底しましょう。

まとめ

・メールやメッセージはこまめに削除する
・酔っているときのメールやメッセージは避ける
・画像は撮らない、送らない、残さない

第2条 生活スタイルを変えない

配偶者に不倫がバレないようにするためには、生活スタイルを変えないことが肝要《かんよう》です。配偶者が夫や妻の不倫に気づくのは、日頃の何気ない変化だといいます。最もわかりやすい例は、携帯電話をチェックする頻度が増えたような場合でしょう。

土日で仕事のメールが携帯に来るはずもないのに、休日に携帯電話のメールを見る機会が増えれば、確実に疑われます。W不倫なら、互いに「土日は家庭サービスに徹しよう」との合意が成り立つ場合もあるかもしれませんが、片方が未婚の場合、そうはいきません。未婚者側からすると、相手が既婚と分かっていても「相手にしてほしい」「1日に1回くらいはメールしたい」あるいは「土日にメールをして困らせたい」といった心理が働くものです。既婚者側からすると「あまり返信しないと、愛想を尽かされるかもしれない」と考えてしまったり、ついメールの内容が気になって見てしまったりしますが、配偶者にバレないようにしたいなら、休日のメールなどは無視を決め込む覚悟が必要です。

また、特に不倫相手が年下の場合に起こりがちなことですが、交際を始めた途端、相手に合わせようとして急に若づくりをしたり、おしゃれに気を遣うようになったりするのも、配偶者に疑われる原因となります。元々、身綺麗にしている人なら、問題はないでしょうが、不倫を始めた途端に、服装や髪型などに気を遣い始める人がいます。配偶者からすると、「誰のためにそんなことをし始めたの？」となるわけです。不倫相手との話題づくりのために、いつもは見なかったドラマなどのテレビ番組を急に見るようになったり、新しい趣味を始めたりするのも、疑いをかけられかねない行動です。

不倫相手との情事も、ちょっとしたことで配偶者に見抜かれてしまいます。一番分かりやすいのは、家に帰ったときに石けんや異性の香水のにおいが残っているようなケースです。家に帰る前に長時間外にいるとか、焼き肉屋に立ち寄ってにおいを消すような努力が必要です。また、ラブホテルのメンバーカードやレシートを持ち帰って、落としてしまうような間抜けなこともしないようにしましょう。

日常会話にも注意が必要です。配偶者とは足を運ばないデートスポットに最近行ったことが分かる話や、親しい異性と話さないと知りえないような情報を配偶者の前でこぼしてしまえば、敏感に悟られてしまいます。不倫関係を維持したいなら、いかに家庭での日常生活を変えずにいられるかというハードルをクリアしなければならないのです。

まとめ

・メールを送る時間帯に注意
・急に服装や髪型を変えない
・不倫相手との会話で知った知識や、情報を家庭内で話さない

第3条 配偶者を大切にする

もしも不倫関係を続けたいなら、配偶者を大切にすることがとても重要だといえます。もちろん、不倫をしている段階で既に配偶者を裏切っているわけですから、「大切にしていない」ことになりますが、誤解を恐れずに言えば、配偶者を幸せにできない人は不倫をする資格もありません。配偶者にしろ、不倫相手にしろ、少なくとも一度は好きになった相手のはずです。好きになった人への思いやりが本当にあるかどうかが、婚姻関係や不倫関係を維持できる秘訣だと思います。

配偶者を大切にしていれば、「不倫を疑われる」リスクを減じられます。休みの日は必ず家族サービスをする。配偶者の代わりに家事をやる。配偶者とゆっくり話す時間を設ける。子がいても、二人でデートする。配偶者が拒まない限り、マメに性交渉も続ける。そうした日々の努力が、円満な夫婦生活や信頼関係につながります。もちろん、不倫はしないに越したことはありませんが、不倫をしたいのであれば、まず日頃から配偶者を大切にして、余計な疑いをかけられないようにしておくことが必要です。夫婦間に信頼関係があれば、携帯電話をチェックされることもないはずです。

もし仮に、配偶者に不倫がバレたとしても、離婚する気がないのなら、最大限、配偶者が一番大切だと、誠意をもって説明すべきでしょう。不倫がバレたとき、配偶者が「だから自分は大切にされていなかったんだ」と感じれば、ショックも大きいはずです。しかし、「それでも自分は大切にされていた」という思いがあれば、許してもらえる余地もあるかもしれません。配偶者のプライドを傷つけないよう、最善の努力は必須です。

そもそも、不倫をする人は、配偶者と離婚できないから不倫をするのです。「配偶者と離婚できない」ということは、配偶者の方が（あるいは子を含めた家族の方が）不倫相手より大切だと思っている証拠です。先にも述べた通り、複数の人と同時に婚姻することはできません。民法の定めがなければ、日本には「不倫」はなくなるのかもしれませんが、この法律がある以上、法律上の配偶者を守る義務があるのです。

もちろん、現実的には配偶者をぞんざいにして不倫相手に入れ込んでしまう人も少なくありません。不倫相手に金を使い、配偶者や家族に貧しい生活を強いるようなケースも時折みられますが、必ずや不倫相手と家族の両方を失います。そうした結末を迎えないよう、まずは配偶者や家族を大切にしましょう。

まとめ

・逢瀬は家庭に支障をきたさない程度に留める
・さりげない家庭サービスをする
※普段、家庭サービスをしない人が、急に家庭サービスをするのはかえって怪しまれるので注意！

第4条 不倫相手も大切に

第3条で配偶者を大切に、と書きましたが、不倫をする以上、もちろん不倫相手も大切にすべきです。好きなのだから、「大切にするのは当たり前」という声も聞こえてきそうですが、そういう単純なことではありません。不倫で自分と相手の双方が不幸な目に遭わないようにするためにも、不倫相手を大切にする必要があるのです。

不倫の中でも、既婚者と未婚者が交際する場合は、対等でない関係が生じることになります。このため、未婚者側に「ここそこそ会わないといけない」「いつも一緒にいられるわけではない」などといった不満がたまることが多いようです。そういった不満を未婚者側が既婚者側に告げるうちに、既婚者側が嫌になり、別れを切り出すと、未婚者側が逆上する。こうしたパターンも少なくありません。

不倫関係が破綻する際、お互いが納得して別れたり、何となく自然消滅したりすれば、それはそれで安全着陸になりますが、どちらかに未練があるとトラブルに発展しやすくなります。これまで何度も述べてきましたが、未練は「愛」を「憎」に変えてしまい、時折、不倫相手への攻撃や加害に発展してしまいます。場合によっては、殺人や無理心中などの取り返しのつかない事件に発展してしまいます。

こうした事にならないためにも、日頃から不倫相手の気持ちを思いやって大切にしてあげる必要があるのです。「不倫」は、既に配偶者に対しては不誠実を働いていることになりますが、そうした関係を結んだ以上、配偶者にも、不倫相手にも、できるだけ誠実に接するべきです。そうすれば、不倫相手と別れるときも、トラブルになるリスクを減じられる可能性が高くなります。

不倫相手を大切にした結果、相手の気持ちが高ぶりすぎて、かえって別れられなくなってトラブルになるというケースも、もちろんないわけではありません。こうした結果にならないために、不倫を解消したいと考えたとしても、相手の気持ちをよく推し量るべきです。相手の気持ちが高揚しているときに別れ話は禁物です。少なくとも、安全着陸を図るために別れを切り出すタイミングを見極める必要があります。

特に「不倫関係にあった未婚者が既婚者に捨てられる」という構図は、立場の弱い未婚者にとっては酷な状況です。既婚者側が別れたいのなら、相手の未婚者に「捨てられる」という印象を持たれないようにすることが重要です。具体的にいえば、せめて既婚者がふられる側に回るような収束がベターです。未婚者側が既婚者側を捨てたという形にするのです。別れる場合も、そうした配慮をもって、未婚者側のプライドを傷つけない「思いやり」の気持ちを持つべきです。

まとめ

・不倫相手を不安にさせない
・不倫相手に期待を持たせない
・不倫相手が未婚者の場合、相手のプライドを傷つけないよう注意する

第5条　避妊は絶対

不倫カップルの双方が同意の上で望んで子をもうけるケースは、まれにあるかもしれません。愛し合っていれば、その結晶となる子が欲しくなるのは自然なことです。しかしながら、そうでない場合は、望まない子をもうけることは絶対に避けるべきです。生まれてくる子にとって酷であるというのが最大の理由ですが、不倫をしている本人たちにとっても当然、大きなリスクになります。

まず、子ができてしまい、中絶という道を選ぶ場合。中絶手術を受けられるのは、妊娠22週未満までとされています。不倫相手が中絶に同意せず、この期間が経過してしまうと、中絶が不可能になってしまいます。妊娠が分かったら、早めに二人で話し合って中絶するかどうかを判断すべきです。

中絶は母体保護法で「妊娠の継続又は分娩が身体的又は経済的理由により母体の健康を著しく害するおそれがある」場合と、「暴行若しくは脅迫によって又は抵抗若しくは拒絶することができない間に姦淫されて妊娠した」場合しか認められていません。後者のいわゆるレイプ被害のようなケースでない場合は、前者の要件に当てはまるということで中絶することになります。つまり、不倫でできた子の場合は通常、「経済的理由」（不倫の子になるので、生まれてきても育てていく金銭的な余裕がない）という建前で中絶をすることになるのです。

中絶はおなかに子がいる本人（女性）と相手（男性）の同意があれば、可能です。仮に女性が未成年の場合でも親の同意は基本的に不要ですが、その場合、病院によっては相手の男性以外の第三者の同意を求めているようです。いずれにしても、後で未成年者の親に知られてしまったときに、親が相手の男性に訴訟を起こすなどのトラブルがないとはいえません。女性が未成年の場合の中絶は、よく話し合って親に妊娠の事実を伝えるかどうか相談するべきでしょうし、話し合いの場で「親に伝えない」という結論に至ったとしても、中絶後に女性の側の気持ちが変わって親に伝えてしまうケースもありえる、と認識しておいた方がいいでしょう。

また、母体保護法は、中絶手術をする医師に対し「中絶を行った場合は、その月中の手術の結果を取りまとめて理由を記し、都道府県知事に届け出なければならない」と定めていますが、手術を受けた個人名まで届け出るわけではありません。また、同法は「中絶の施行の事務に従事した者は、職務上知り得た人の秘密を、漏らしてはならない。その職を退いた後においても同様」としているので、医師から中絶した事実が漏れることはありませんので安心して大丈夫です。

海外では、経口妊娠中絶薬による中絶が認められている国もありますが、日本では認められていません。近年はインターネットで簡単に薬が手に入る時代ですし、手術を受けなくて済むと考える人もいるかもしれませんが、母体の安全が第一です。ネットで入手した薬の場合は、偽物の可能性もありますので、リスクが極めて高いものになります。中絶という選択肢を選んだ場合は、法律を守って、産婦人科の医師に手術をしてもらうべきでしょう。

なお、中絶の費用はだいたい10万円程度で、保険は適用されません。一般的には数十分程度で終わる手術ですが、通常のけがの手術とは意味合いが違います。もちろん、カップル同士で個々の事情はあるでしょうが、女性の身体的な負担を考えれば、男性が中絶費用を負担してあげるべきでしょう。また、女性は一度宿した命を奪ってしまうという呵責《かしゃく》を抱えることになります。男性はそのことを十分に考慮して女性に接するべきです。「二人で合意して性行為に及んで子ができたわけだし、中絶費用も払ったのだから」という割り切った考えでは、女性を傷つけてしまいます。手術後は、女性となるべく一緒に時間を過ごすとか、優しく接してあげるといった精神的なフォローは不可欠です。手術後の男性の接し方が悪ければ、女性が精神的に不安定になってトラブルに発展する可能性もありえます。

中絶という選択肢を選ばなかった場合、先にも述べたように、生まれてきた子は婚外子（非嫡出子《ひちゃくしゅつし》）になります。繰り返しますが、近年では、世界的に「非嫡出子《ひちゃくしゅつし》であっても嫡出子と同じ一人の子」という考え方が広まって、差別（区別）がなくなってきてはいますが、社会の中での婚外子に対する偏見や無理解は、全くなくなったとはいえません。また、法律婚の子でないため、両親と同居できるとは限りませんし、経済的に恵まれないケースも多いと思われます。意図しない婚外子を増やさないためにも、避妊は絶対に必要です。

また、極端なケースでは、未婚女性が不倫相手の男性を離婚させるため、「今日は安全日」「ピルを飲んでいるから大丈夫」と言って、男性に避妊具を使わせない状態で性行為に誘うこともありえます。避妊しなかったという負い目から、実際は妊娠していない不倫相手の女性から「妊娠したから、中絶費用を払って」とお金をだまし取られることも、場合によってはあるかもしれません。「俺の妻（姉妹）をはらませただろう」などと、怖いお兄さんが現れて脅迫され、お金を取られる事件も起きています。

さまざまなリスクを考えても、いかに「避妊の徹底」が大事かは、お分かりいただけるでしょう。

まとめ

・不倫に「安全日」はなし！
・「外に出す」のは避妊にあらず！
・万が一、妊娠した場合、男性は冷静かつ慎重に相手に対応する

第6条 断ち切る勇気を持つ

不倫をしたいけど、やっぱり妻や子が大事。そう思うなら、どこかの時点で不倫相手との関係をきっぱりと断ち切る勇気も必要です。何となく「不倫相手に悪いな」と思いながら、だらだらと関係を続けることは、リスクを増長させます。

先にも取り上げた埼玉県警の巡査部長による強盗殺人事件のケースでは、不倫が原因だったことが明らかになりました。公判での検察側の冒頭陳述によりますと、巡査部長は妻子がありながら、2014年にある事件で知り合った女性と不倫関係に陥ったとのことです。そして、その年のうちに不倫相手のためにアパートを借りて生活費を負担するようになりますが、巡査部長は妻からお小遣いをもらうような慎ましい生活をしており、不倫相手の生活費を維持し続けられるような財力はありませんでした。翌2015年には、不倫相手のアパートの家賃を滞納するようになり、クレジットカードをつくっては借金をして不倫相手との関係を続けようとしましたが、長続きするわけがありません。ついに不倫相手の住まいの電気を止められる事態になった上、一緒に沖縄旅行に出かけることを約束していたことで、それを実現しようと元タクシー運転手の家を訪ねたのでした。結局、この巡査部長は元タクシー運転手の男性を殺害し、男性の自宅にあった１００万円余りを奪ってしまいます。この後、実際に不倫相手と沖縄旅行に出かけ、家賃の滞納分を支払ったりしましたが、その数日後に逮捕されてしまいます。

この事件では、現職警官でありながら、強盗殺人という重い犯罪に手を染めることになるまで、なぜ危機感を持てなかったのか、と思ってしまいます。不倫相手のアパートの家賃を払いきれないと分かった時点で、きっぱりと別れていれば、このようなことにはならなかったでしょう。巡査部長は判決で無期懲役という重い判決を受けました。

この事件における巡査部長の心理状態として考えられるのは二つです。この巡査部長は「犯罪に手を染めてでも、不倫相手との関係を続けたい」と考えていたか、不倫相手に良いところを見せたくて無理な要望に応じ、引き返せない状況に自分を追い込んでしまったのかだと思います。いずれにしても、不倫相手に対して「自分には財力がある」と見せかけることで、関係を維持することに固執したことが窺《うかが》えます。

しかし、冷静に考えれば、強盗殺人のような重い犯罪を行えば、人生は間違いなく破綻すると予測できるはずです。不倫相手との恋愛が、彼を異常な心理状態に追いやってしまったのかもしれません。どこかで立ち止まって不倫関係を断ち切っていれば、このような取り返しがつかない事態にはならなかったでしょう。

この事件の場合、元タクシー運転手の男性が殺害されたとみられる直前の時間帯に巡査部長が男性の自宅を訪問し、玄関のインターホンを鳴らしている様子が録画されていました。

つまり、警察が捜査すれば、容易に被疑者を特定できる事件だったのです。巡査部長は殺人事件などを扱う刑事課に在籍していたこともあったといいますから、すぐに自身の事件への関与が浮かぶと想像できたはずです。それにもかかわらず、極めてずさんな犯行に及び、人生を棒に振る格好となりました。

事件を起こした巡査部長はもう、妻子のいる元の家庭には戻ることができないでしょう。もし、不倫で身を焦がすような恋愛をしていても、どこかで冷静になってその先の人生を考えるべきです。不倫相手と別れるか、配偶者と離婚するか。どちらを選択しても、修羅場があるでしょう。それでも、どっちつかずの関係を維持しようとすればするほど、リスクは高まります。ときにはプライドを捨てる勇気も必要です。取り返しのつかない事態になる前に、思い切って「断ち切る勇気」が必要なのです。

まとめ

・だらだらと不倫関係を続けない
・周囲が見えなくなる恋愛は、ドロ沼化しやすいと心得よ
・離脱できる準備をしておく

第7条 もめない「終わらせ方」を習得する

不倫を大きなトラブルに発展させないための重要なキーワードの一つは「終わらせ方」であるといえます。恋愛の一部は、婚姻という「終わらない恋愛」に進展しますが、多くの場合は「別れ」にたどり着きます。不倫は「道ならぬ恋」であるがため、最初から「別れという必然」を前提にした恋愛である、といってもいいかもしれません。

通常の恋愛と不倫が違うのは、不倫は「不法行為」であるということです。法律婚主義を採用している我が国では、恋愛が健全である一方で、不倫は不健全となります。従って、不倫は社会の中で堂々とできる恋愛ではありません。であるがゆえに、かえって不倫は密かな甘い蜜を持っています。「背徳感」が人間の本能をくすぐり、甘美な快楽から抜け出せなくなるのです。古くから、文学作品などで不倫がたびたび取り上げられてきたのは、時代が変わっても、人間が全く変わらずに堕ち続ける業《ごう》を持っているからだと思います。

不倫は、人を天国に誘いもしますが、地獄にも落とします。一時の感情の高ぶりが冷めれば、やがて修羅場がやってきます。不倫カップルが別れるとき、普通の恋愛と違って「世を忍んできた恋愛」だったからこそ、別れを告げられた側は「こんなに堪え忍んで付き合ってきたのに、こんな別れ方なの?」と不満を爆発させることがあります。その結果、本書でも既に述べてきたとおり、場合によっては、不倫相手からの慰謝料請求や配偶者への不倫の暴露、最悪のケースではストーカー化や相手の自殺といった深刻な事態を招きかねないのです。従って、「終わらせ方」というのは非常に大切です。特に自分が既婚者で、相手が未婚者である場合は、未婚者に「遊ばれた」「既婚者と付き合ってしまったから、自分の婚期が遅れた」などと思われないようにすることが大切です。

別れる際に「遊ばれた」と思われないためにも、こちらの恋愛感情が本物だったということを明確に示しておく必要があります。相手が「不倫の結果として結局、別れることにはなったけれども、一時は本気で愛し合ったことを良い思い出にしたい」と前向きに考えてもらえるようにするべきです。

相手が「不倫で無駄な時間を使った」「ただ弄《もてあそ》ばれただけだった」と考えたとしたら、そもそも「相手に大切にしてもらえなかった」「真剣に愛してもらえなかった」という感情があるからです。「結局、別れることになってしまったけれど、良い恋愛だった」と相手に思わせるよう、最後まで誠実に接することが大切です。

そして、自分が既婚者で相手が未婚者である場合は、先にも触れたように、「相手に別れを切り出させる」ことが重要です。相手に「自分は振られた」と思わせないようにすべきです。

既婚者と未婚者の不倫の場合、既婚者には配偶者という「戻る場所」がありますが、未婚者にはそれがありません。つまり、最初から未婚者の方が立場上弱いのです。そうした立場にある未婚者が、既婚者に「振られた」となれば、「強い立場」の相手にいいようにされ、気持ちを踏みにじられたと思い込んでしまいます。別れのときは、既婚者の側が振られた形を取ることで、未婚者に屈辱感を持たれないようにすべきです。

もちろん、相手に「別れたい」と切り出させることは容易ではありません。自分の方に恋愛感情がなくなっても、相手にまだ恋愛感情があれば、そもそも「別れたい」とは思わないでしょう。そうしたときは、もちろん正直に「別れたい」と切り出した方がいい場合もあります。しかし、リスク管理上は、それを是としません。相手の感情が高ぶっているときに、唐突に別れを切り出すのは危険度が高いと考えた方が身のためです。

かといって、急に嫌な人間を演じる（急にわがままになる、急に冷たくなる、急に開き直って悪い人間を装うなど）という方法もおすすめしません。一度は互いを理解し合った関係なのですから、急に態度を変えても、相手に感づかれるのがオチでしょう。仮にそうした方法で別れても、互いにとって嫌な思い出を残す別れ方は避けるべきです。

最も無難な別れ方は、時間をかけながら、フェイドアウトするという方法だと思います。「忙しくてなかなか会えない」と言って会う頻度を減らしていくとか、メールの頻度を徐々に減らしていくといった方法です。ある意味で狡猾《こうかつ》な別れ方といえるかもしれませんが、いずれ別れる不倫なら、急激に別れを告げるよりも、リスクの低い「終わらせ方」をすべきです。大切なのは、「一度は愛し合った二人の良い思い出を互いに壊さないまま自然な別れで終わらせる」ことなのです。

まとめ

- 別れ方に注意せよ！
- 仕事を理由に少しづつ会う機会を減らしていく
- 恨まない、恨まれない、粋な別れにする

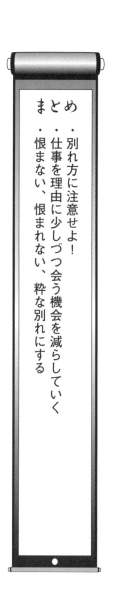

おわりに

この本の執筆も佳境に入った時期に、また芸能人の不倫ニュースが飛び込んできました。タレントの安田美沙子さんの夫が不倫をしていたというニュースです。安田さんは妊娠中でした。まさに、最悪のタイミングです。安田さんは「浮気をしたらこれから先はないと前から伝えていましたが、今の私には彼のいない人生は考えられません。沢山、沢山、話し合って、これから産まれてくる子どものためにも、家族としてさらに深く向き合っていこうという事になりました」とコメントし、夫も不倫を認め「これから先、一生かけて妻とお腹の子に償っていくつもりです」とコメントしました。

この不倫スキャンダルには、元ライブドア社長のホリエモンさんが食いつきました。ツイッターで報道に対し「安田美沙子の旦那の件は明らかにやり過ぎだろ。このタイミングで出すか？　血も涙もないな。最低のカス野郎どもだな」。おそらく、妊娠中の安田さんへの精神的ダメージを思いやってのコメントなのでしょうが、元はといえば不倫をした夫が悪い、と世間は考えるでしょう。不倫に対する社会の目はかように厳しいのです。

しかしながら、誰もが不倫に陥る可能性を秘めています。男性は女性に体を求め、女性は男性に心を求めるといわれますが、性的な欲求不満や虚無感、寂しさを覚えれば、不倫でストレスを発散したい、快楽を得たい、と考えてしまう性《さが》を持っています。もちろん、できるなら、不倫はしない方が身のためです。それでも、人間は弱く、不倫に走りやすい。不倫はできればしたくないと思うのなら、あるいは、不倫をやめたいと思うのなら、それができない物理的な環境をつくる必要があります。

例えば、仕事や趣味に没頭して「不倫なんてする暇もない」状況をつくり出す方法があります。仕事や趣味に追われてしまえば、不倫をする時間もなくなります。また、妻子との濃密な時間で余暇を埋める。不倫にはお金が必要ですから、配偶者に金銭管理を委ねて自身の小遣いを少なくし、不倫をしたくても経済的に不可能な状態に自分を追い込む。そうしたことが考えられます。

不倫と薬物依存は似ている気がします。違法な薬物に手を染めた人は、刑務所を出所しても再犯を繰り返す傾向があります。不倫も一度、快楽を覚えてしまえば同様です。薬物中毒者は「『薬物をやらない』という目標を日々、達成していくしかない」「薬物の誘惑との闘いは一生続く」と証言します。このため「薬物を絶対に入手できない刑務所にいた方が、まだまし」という人もいるように、中毒者は、環境が許せば違法薬物を求めてしまうのです。刑務所でなければ、家族などの誰かに24時間見張っていてもらうか、病院に入院してしまうしか逃れる方法はないといいます。

不倫もまた、一度、「成功」してしまえば、また次も同じ成功体験ができるのではないかと期待してしまうものです。「自分はもう不倫をしないぞ」と固く誓って、精神的に自身を律すればよいと思っていても、人間の意志は弱いものです。物理的に可能であれば、快楽を求めてしまうのが人間です。そうした意味で、不倫は繰り返されます。そして、繰り返せば繰り返すほど、歯止めがきかなくなり、罠に陥る危険も高まります。

「不倫をするか、しないか」「不倫を続けるか、やめるか」を決めるのは、本書を読んでいるあなたです。もしかしたら、この本を読んで「やっぱり不倫をやめよう」と思った人もいるかもしれません。それは正しい選択だと思います。法律や裁判の実例を知って、「この点には気をつけよう。ただ、不倫はしたい」と思った人もいるかもしれません。それも一つの選択かもしれません。

ただ一ついえることは、不倫によって自分以外の人を傷つけるようなことは避けなければならないということです。もちろん、不倫自体がさまざまな人を傷つける可能性を強くはらんでいるのですから、本来は「不倫は人を傷つけるからやめなさい」と言うべきだと思います。それでも、現実的にこの世から不倫がなくなる可能性は低いと思います。ストレスや孤独、虚無感を抱えてしまう社会的環境があり、人間の煩悩を振り払うことは容易ではないからです。そうであるならば、せめて法律などを含めたさまざまな知識を得て、極力、人を傷つけないようにしてください。

究極的には、不倫願望があるなら、生涯独身を貫き、生涯未婚者との恋愛を繰り返せばよいのです。しかし、人は家族も欲しいと考えます。結局は、家族との退屈で平穏な生活と、リスクを抱えた情熱的な不倫のどちらかを選ぶ必要に迫られます。

作家の芥川龍之介の言葉に「人生は一箱のマッチに似ている」というものがあります。「人生を重大に考えすぎるのは、ばかばかしい。しかし重大に扱わなければ危険である」と。「不倫も一箱のマッチ」だといえます。マッチを擦るか、擦らないかは、あなた次第。炎を燃やすか、消すかも、あなた次第。本書がその選択の一助になれば、幸いです。

2017年4月

弁護士　長谷川裕雅

本書は書き下ろしです。

著者プロフィール

長谷川 裕雅（はせがわ・ひろまさ）

東京永田町法律事務所代表。弁護士・税理士。

早稲田大学卒業後、朝日新聞社に入社。

事件記者として忙しい日々を送るなかで、
弁護士になりたいと一念発起し、司法試験に合格。

大手渉外法律事務所や外資法律事務所を経て独立。

相続問題や危機管理などを戦略的に解決できる専門家として活躍。

主な著作には、シリーズ10万部を突破した『磯野家の相続』『磯野家の相続税』（すばる舎）ほか
『なぜ酔った女性を口説くのは「非常に危険」なのか？』（プレジデント社）などがある。